Schriften zum Kunst- und Kulturrecht

Herausgegeben von

Prof. Dr. Barbara Grunewald, Universität Köln
Prof. Dr. Dr. hc. Burkhard Hess,
Max Planck Institute Luxembourg for International, European and Regulatory Procedural Law
Prof. Dr. iur. Dr. phil. h.c. Peter Michael Lynen,
Hochschule für Musik und Tanz Köln
Prof. Dr. Kerstin Odendahl, Universität Kiel
Prof. Dr. Janbernd Oebbecke, Universität Münster
Prof. Dr. Rainer J. Schweizer, Universität St. Gallen
Prof. Dr. Armin Stolz, Universität Graz

Band 21

unterstützt durch

Institut für Kunst und Recht IFKUR e.V.

CIAM Zentrum für Internationales Kunstmanagement
Kunstakademie Düsseldorf
Robert-Schumann-Hochschule Düsseldorf
Hochschule für Musik Köln
Kunsthochschule für Medien Köln

UNI GRAZ

Prof. Dr. Matthias Weller/RA Dr. Nicolai Kemle (Hrsg.)

Eigentum – Kunstfreiheit – Kulturgüterschutz

Tagungsband des Achten Heidelberger Kunstrechtstags am 31. Oktober und 1. November 2014

Nomos DIKE facultas

Die Deutsche Nationalbibliothek verzeichnet diese Publikation in der Deutschen Nationalbibliografie; detaillierte bibliografische Daten sind im Internet über http://dnb.d-nb.de abrufbar.

ISBN 978-3-8487-2549-6 (Print)
ISBN 978-3-8452-7162-0 (ePDF)

ISBN 978-3-03751-771-0 (Dike Verlag, Zürich/St. Gallen)
ISBN 978-3-7089-1361-2 (facultas Verlag, Wien)

1. Auflage 2015

Vorwort

Der vorliegende Tagungsband enthält die Beiträge des Achten Heidelberger Kunstrechtstags, den das Institut für Kunst und Recht IFKUR e.V. in Kooperation mit dem Institut für Informations- und Wirtschaftsrecht des Zentrums für angewandte Rechtswissenschaft (ZAR) des Karlsruher Instituts für Technologie (KIT) am 31. Oktober und 1. November 2014 in der Heidelberger Akademie der Wissenschaften veranstaltet hat. Unter dem Generalthema „Eigentum – Kunstfreiheit – Kulturgüterschutz" kamen im Nachgang zum Fall „Gurlitt" Grundfragen zum Eigentumsherausgabeanspruch nach hoheitlicher Beschlagnahme eines Kunstwerkes, zu aktuellen Entwicklungen der Kunstfreiheit und zur anstehenden Reform des deutschen Kulturgüterschutzes zur Sprache.

Zunächst äußerten sich Prof. Dr. *Volker Haas*, Institut für deutsches, europäisches und internationales Strafrecht und Strafprozessrecht, Universität Heidelberg, und Prof. Dr. *Christian Baldus*, Institut für geschichtliche Rechtswissenschaft, Universität Heidelberg, zu den strafrechtlichen und sachenrechtlichen Dimensionen des Falles „Gurlitt". Prof. Dr. Dr. h.c. mult. *Erik Jayme*, Institut für ausländisches und internationales Privat- und Wirtschaftsrecht der Universität Heidelberg sowie IFKUR-Beirat, führte anschließend durch „Die internationalprivatrechtliche Dimension des Falles Gurlitt". Prof. Dr. *Henry Keazor*, Institut für Europäische Kunstgeschichte, Universität Heidelberg, diskutierte dann „'The very foundation of modern society?' Zur Frage des Schutzes von Kunst und Kulturgut". Eine Schriftfassung dieses Beitrags liegt nicht vor. MinR *Frithjof Berger*, Referatsleiter, Die Beauftragte der Bundesregierung für Kultur und Medien, Bonn, berichtete über „Rahmenvorgaben für ein neues Kulturgutschutzrecht in Deutschland". Prof. Dr. *Matthias Weller*, Mag. rer. publ., EBS Universität für Wirtschaft und Recht, Wiesbaden, und IFKUR-Vorstandsmitglied, ehrte sodann die wohl wichtigste Person des Instituts mit den Betrachtungen „Kunstsammler – Kunstrechtswissenschaftler: Kurzportrait von Erik Jayme aus Anlasse seines 80. Geburtstags". Dr. *Robert Peters*, Referent, Die Beauftragte der Bundesregierung für Kultur und Medien, Bonn, schilderte den „Reformprozess des deutschen und europäischen Kulturschutzrechts". KHK'in *Silvelie Karfeld*, Bundeskriminalamt, SO36-24 Kunst- und Kulturgutkriminalität, Interpol Wiesbaden, referierte zu „Illegaler Handel mit Kulturgut aus Sicht der Polizei". Rechtsanwalt *Robert Kugler*, Höly Rauch & Partner Berlin, stellte sodann die Frage

„Wirksamer Kulturgüterschutz in Deutschland? Erfahrungen aus der anwaltlichen Praxis". Rechtsanwalt Dr. *Daniel-Philipp Häret* widmete sich dem Thema "Kunsthandel und Kennerschaft – Rechtsfragen zur Haftung von Kunstexperten". Dr. *Louisa Specht*, KIT Karlsruhe, referierte über das Thema „Zum Konflikt von Persönlichkeitsrecht und Kunstfreiheit im Internet – Der Fall des Techno-Vikings". Dr. *Pascal Decker*, dtb rechtsanwälte, präsentierte „Zwischen Bühne und Anklagebank: Performance-Kunst an der Grenze von Kunstfreiheit und Strafrecht – der Fall Jonathan Meese".

Die Realisierung des Achten Heidelberger Kunstrechtstags ist der großen und großzügigen Unterstützung zahlreicher Personen und Institutionen geschuldet: An erster Stelle stehen die exzellenten Vor- und Beiträge der Referentinnen und Referenten. Hinzu tritt die großzügige Förderung der Tagung durch die UNIQUA-Versicherung sowie die Unterstützung durch den Nomos-Verlag. Der Nomos-Verlag ermöglichte überdies das Erscheinen des vorliegenden Tagungsbands. Viele IFKUR-Vereinsmitglieder trugen zum Gelingen der Tagung bei. Ohne die umsichtige Korrektur der Beiträge durch Wiss. Mit. Ass. iur. Johanna Lange, EBS Law School, Wiesbaden, hätte der Tagungsband nicht die redaktionelle Qualität erreicht, in der er nun vorliegt. Die Herausgeber danken hierfür herzlich! Ebenso herzlich danken die Herausgeber Frau Petra Schröder, Wiesbaden, für die sorgfältige Betreuung der Drucklegung.

Die anhaltend hoch erfreuliche Resonanz auf den Heidelberger Kunstrechtstag ermutigt die Veranstalter zur nächsten Runde – den Neunten Heidelberger Kunstrechtstag am 30. und 31. Oktober 2015 in der Heidelberger Akademie der Wissenschaften. Informationen finden sich alsbald wie gewohnt unter www.ifkur.de.

Matthias Weller, Wiesbaden
Nicolai Kemle, Heidelberg

Inhaltsverzeichnis

Grußwort der Heidelberger Akademie der Wissenschaften

*Erik Jayme**

Meine sehr verehrten Damen und Herren,

im Namen der Heidelberger Akademie der Wissenschaften, der Landesakademie Baden-Württemberg, möchte ich Sie herzlich begrüßen und Ihnen danken, dass Sie zu den Heidelberger Kunstrechtstagen gekommen sind. Ich begrüße Sie zugleich im Namen des Präsidenten der Akademie, Herrn Professor Paul Kirchhof, der heute wegen anderer Verpflichtungen nicht anwesend sein kann. Die Akademie besteht aus zwei Klassen, die jeweils von sogenannten Sekretaren geleitet werden, der philosophisch-historischen Klasse, deren ordentliches Mitglied ich bin, und der mathematisch-naturwissenschaftlichen Klasse. Wir freuen uns darüber, dass Sie unser Haus wieder für Ihre Tagung gewählt haben.

Das Gebäude, in dem wir uns befinden, diente im 19. Jahrhundert der großherzoglichen Familie als Palais. Der Großherzog von Baden war zugleich Rektor der Universität und wohnte hier, wenn er Heidelberg besuchte. Das Palais, das 1805 an das Haus Baden fiel, stammt aber aus dem 18. Jahrhundert. Es wurde in den Jahren 1717-1719 für Carl Philipp Freiherrn von Hundheim errichtet. Dass es den Charakter eines kleinen Schlosses trägt, hängt mit dem Baumeister zusammen. Der aus Frankreich stammende Baumeister Remy de la Fosse war nämlich an vielen deutschen Fürstensitzen als Hofbaumeister beschäftigt. Das Palais prägt den barocken Karlsplatz zusammen mit dem gegenüberliegenden Palais Boisserée.

Nun wünsche ich der Tagung einen glücklichen Verlauf.

---

* Prof. Dr. Dr. h.c. mult. Erik Jayme, Institut für ausländisches und internationales Privat- und Wirtschaftsrecht der Universität Heidelberg, IFKUR-Beirat, Mitglied der philosophisch-historischen Klasse der Heidelberger Akademie der Wissenschaften.

Die strafprozessuale Dimension des Falles „Gurlitt“

Volker Haas[*]

I. Vorbemerkung

Der Fall „Gurlitt“[1] ist aus mehrfachen Gründen bemerkenswert. Zum einen hat er in historischer Hinsicht die Aufmerksamkeit der medialen Öffentlichkeit auf die sog. Raubkunst und in Verbindung damit auf den Kunsthandel während der NS-Zeit gelenkt. Unter Raubkunst versteht man Kunstwerke, die ihren Eigentümern während der Herrschaft des Nationalsozialismus „NS-verfolgungsbedingt“ (so der gängige Fachausdruck) entzogen wurden. Allein in Deutschland und Österreich schätzt man die Zahl der betroffenen Kunstwerke auf 200 000, in ganz Europa sogar auf 600 000. Zum anderen hat der Fall „Gurlitt“ in rechtlicher Hinsicht die Aufmerksamkeit der medialen Öffentlichkeit auf etwaige Rückgabeansprüche der NS-Opfer gelenkt. Die Zahl der noch nicht an die ursprünglichen Besitzer zurückgegebenen Kunstwerke schätzt man auf bis zu 10 000.[2] Gegenwärtig steht die Herkunftsrecherche der im November 2013 eingerichteten Taskforce im Zentrum des öffentlichen Interesses, die aber nicht nur nach Raubkunst im engeren Sinne sucht, sondern auch nach während des Dritten Reichs konfiszierter sog. entarteter Kunst. Ebenso richtet sich das Augenmerk der Öffentlichkeit auf die Frage, ob das im Januar desselben Jahres verfasste Testament, in dem Gurlitt seine Sammlung dem Kunstmuseum Bern vermacht hat, wirksam ist. Bekanntlich wird die Testierfähigkeit Gurlitts von seinen Angehörigen in Zweifel gezogen. Der nachfolgende Beitrag legt einen anderen Schwerpunkt. Er beleuchtet das strafprozessuale Vorgehen der bayerischen Organe der Strafrechtspflege.

---

* Prof. Dr. Volker Haas, Lehrstuhl für Strafrecht und Strafprozessrecht an der Universität Heidelberg.

1 Für die Zurverfügungstellung wertvoller Informationen bedanke ich mich bei Herrn Rechtsanwalt Prof. Dr. Tido Park aus Dortmund.

2 *Hartung*, Kunstraub in Krieg und Verfolgung, 2004, S. 44 f., 60 f.

II. Das relevante strafprozessuale Geschehen

Vergegenwärtigen wir uns kurz die Fakten. Am 20. Mai 2011 wird gegen Gurlitt ein Steuerstrafverfahren wegen des Verdachts der Einfuhrumsatzsteuerhinterziehung eingeleitet, weil die Behörden den Anfangsverdacht haben, dass Gurlitt Kunstgegenstände entgegen zoll- und steuerrechtlicher Vorschriften eingeführt hat oder hat einführen lassen, um diese innerhalb der Europäischen Gemeinschaft zu verkaufen: §§ 370 Abs. 1 Nr. 2 Abgabenordnung, 21 Abs. 2 Umsatzssteuergesetz in Verbindung mit Art. 202 Abs. 1 a Zollkodex. Zur Erläuterung: Der Zollkodex ist eine EU-Verordnung aus dem Jahre 1992, die der europaweiten Vereinheitlichung von Zollvorschriften dient. Nach Art. 202 Abs. 1 a ZK entsteht eine Einfuhrzollschuld auch dann, wenn eine einfuhrabgabenpflichtige Ware vorschriftswidrig in das Zollgebiet der Europäischen Gemeinschaft verbracht wird. Dabei liegt der Einleitung des Steuerstrafverfahrens folgendes verdachtsauslösende Geschehen zugrunde: Am 22. September 2010 reiste Gurlitt im Eurocity von Zürich nach München. Im Streckenabschnitt Lindau-Kempten führten deutsche Zollbeamte Zoll- und Bargeldkontrollen durch. Die Frage der Zollbeamten, ob er Bargeld mit sich führe, verneinte Gurlitt. Durch Abtasten des Körpers entdeckten die Beamten einen Umschlag, der 9000, - Euro Bargeld enthielt. Zur Herkunft des Geldes befragt, antwortete Gurlitt, dass dieser Betrag aus dem Verkauf von Bildern an das Auktionshaus Kornfeld in Bern durch seinen Vater während der NS-Zeit stamme. Weitere Ermittlungen nach dem Zollfahndungsdienstgesetz führten zu der Erkenntnis, dass es sich bei dem Vater von Gurlitt um den lizensierten NS-Kunsthändler Dr. Hildebrand Gurlitt handelte, der an der Verwertung von NS-Raubkunst beteiligt gewesen sei. Ferner wird ermittelt, dass Gurlitt in Deutschland steuerlich nicht gemeldet sei, jedoch entgegen seinen Angaben in München wohne.

Gut vier Monate später erwirkt die Staatsanwaltschaft einen Durchsuchungs- und Beschlagnahmebeschluss beim Amtsgericht Augsburg, der am 23. September 2011 erlassen wird. Allerdings wird die Münchener Wohnung von Gurlitt erst etwas mehr als fünf Monate später, nämlich am 28. Februar sowie am 1. und 2. März 2012, durchsucht. Dabei werden 1406 Gegenstände – darunter die aus 1280 Kunstwerken bestehende Kunstsammlung – beschlagnahmt. Unter den beschlagnahmten Werken befinden sich unter anderem Gemälde von Max Beckmann, Marc Chagall, Max Liebermann, Franz Marc, Henri Matisse, Emil Nolde und Pablo Picasso. Erst in der Folgezeit werden die Tatvorwürfe gegen Gurlitt auf den Verdacht der Unterschlagung und der Einkommensteuerhinterziehung aus gewerblichem Kunsthandel ausgeweitet. Sie sind also nicht Gegenstand des Durchsuchungs- und Beschlagnahmebeschlusses des Amtsgerichts Augsburg.

Der Durchsuchungs- und Beschlagnahmebeschluss umfasst insgesamt nur zwei Seiten. Er ordnet die Durchsuchung der Person des Beschuldigten, seiner Wohnung mit Nebenräumen, seiner Geschäftsräume mit Nebenräumen sowie seines Fahrzeugs an. Als Beweisgegenstände nennt der Durchsuchungs- und Beschlagnahmebeschluss Konto- und Vermögensunterlagen, Kunstgegenstände, Unterlagen, die bezüglich des Beschuldigten Hinweise auf Besitz und Verkauf von Kunstgegenständen geben sowie EDV, die derartige Unterlagen enthält, und entsprechende Datenträger und E-Mails. Zur Begründung stützt sich der Beschluss ausschließlich auf das soeben geschilderte Geschehen im Eurocity. Es bestehe daher der Verdacht, dass der Beschuldigte nicht nur Bargeld aus dem Verkauf von Kunstgegenständen einführe[3], sondern auch Kunstgegenstände, um sie in Deutschland zu verkaufen. Weiter bestehe der Verdacht, dass der Beschuldigte bei der Einfuhr der Kunstgegenstände nicht seiner Gestellungspflicht nachgekommen sei, um so anfallende Einfuhrumsatzsteuer pflichtwidrig nicht zu entrichten. Dies sei für den Beschuldigten als Verkürzung der Einfuhrumsatzsteuer in einer noch zu ermittelnden Anzahl von Einzelfällen strafbar. Es werden sodann die schon oben genannten Normen aufgeführt. Abschließend stellt der Beschluss fest, dass die benannten Gegenstände als Beweismittel von Bedeutung sein könnten und dass die Beschlagnahme in einem angemessenen Verhältnis zur Schwere der Tat und zur Stärke des Tatverdachts stehe und für die Ermittlungen notwendig sei. Am 14. Februar 2014 erhebt die Verteidigung Beschwerde gegen die richterliche Durchsuchungs- und Beschlagnahmeanordnung. Am 7. April 2014 schließen der Freistaat Bayern, die Bundesrepublik Deutschland und Gurlitt eine Verfahrensvereinbarung ab. Aufgrund dieser Vereinbarung hebt die Staatsanwaltschaft Augsburg am 9. April 2014 die Beschlagnahme auf und gibt sämtliche in der Wohnung von Gurlitt beschlagnahmten Gegenstände frei. Gurlitt verpflichtet sich im Gegenzug dazu, raubkunstverdächtige Kunstwerke der Taskforce für die Herkunftsrecherche zur Verfügung zu stellen und im Fall der Verdachtsbestätigung an die jeweiligen Opfer herauszugeben. Am 6. Mai 2014 stirbt Gurlitt

3 Ursprünglich wurde offenbar auch die Möglichkeit einer Strafbarkeit wegen Geldwäsche erwogen. Der Tatbestand des § 261 StGB wird aber im Durchsuchungs- und Beschlagnahmebeschluss nicht genannt. Er scheint auch nicht dem eingeleiteten Ermittlungsverfahren zugrunde gelegt worden zu sein.

nach monatelanger Krankheit. Am 12. Mai 2014 schließlich stellt die Staatsanwaltschaft Augsburg das Ermittlungsverfahren mit der Begründung ein, dass der Beschuldigte verstorben sei.

III. Rechtliche Würdigung der Verfahrenseinleitung und des Durchsuchungs- und Beschlagnahmebeschlusses

Soweit das relevante Prozessgeschehen in der causa „Gurlitt". Man muss kein Experte des deutschen Strafprozessrechts sein, um zu der Einschätzung zu gelangen, dass möglicherweise schon kein Ermittlungsverfahren gegen Gurlitt hätte eingeleitet werden dürfen und die Durchsuchungs- und Beschlagnahmeanordnung vom 23. September 2011 des Amtsgerichts Augsburg rechtswidrig bzw. prozessual unzulässig gewesen ist. Letzterer soll im Vordergrund der nachfolgenden Betrachtungen stehen. Gemäß § 102 StPO kann bei demjenigen, der als Täter oder Teilnehmer einer Straftat oder der Begünstigung, Strafvereitelung oder Hehlerei verdächtig ist, eine Durchsuchung seiner Wohnung und anderer Räumlichkeiten sowie seiner Person und der ihm gehörenden Sachen sowohl zum Zweck seiner Ergreifung als auch dann vorgenommen werden, wenn zu vermuten ist, dass die Durchsuchung zur Auffindung von Beweismitteln führen werde. Um die zweite Alternative – die sog. Beweismitteldurchsuchung – geht es im vorliegenden Fall.

Voraussetzung einer Durchsuchung ist ein konkreter Verdacht, dass eine strafbare und verfolgbare Tat begangen worden ist.[4] Richtiger Auffassung nach ist ein Anfangsverdacht im Sinne der §§ 152 Abs. 2, 160 Abs. 1 StPO ausreichend, aber auch erforderlich.[5] Ein Anfangsverdacht setzt voraus, dass konkrete tatsächliche Anhaltspunkte vorliegen, die nach kriminalistischer Erfahrung die Begehung einer verfolgbaren und strafbaren Tat

---

4 *Nack*, in: Karlsruher Kommentar, hrsg. von Hannich, 7. Auflage, 2013, § 102 Rn. 1; Meyer-Goßner/*Schmitt*, StPO, 57. Auflage, 2014, § 102 Rn. 2.

5 LG Köln, StV 1998, S. 291; LG Freiburg, StV 2001, S. 266, 267; LG Dresden, StraFo 2003, S. 418; offenbar auch BGH, NJW 2000, S. 84; NStZ 2000, S. 154; *Tsambilikakis*, in: Löwe Rosenberg, Die Strafprozessordnung und das Gerichtsverfassungsgesetz, hrsg. u.a. von Erb, Bd. 3, 26. Auflage, 2014, § 102 Rn. 5; *Wohlers*, in: Systematischer Kommentar, hrsg. u.a. von Degener, Bd. 2, 4. Auflage, 2010, § 102 Rn. 24; *Hegemann*, in: Graf, Strafprozessordnung, 2. Auflage, 2012, § 102 Rn. 1.

als möglich erscheinen lassen.[6] Der Begriff des Verdächtigen soll jedoch nach häufig vertretener Auffassung bedeuten, dass die Durchsuchung schon dann auf die Vorschrift des § 102 StPO gestützt werden darf und daher nicht nur unter den engeren Voraussetzungen des § 103 StPO zulässig ist, wenn der Verdacht noch nicht so konkretisiert ist, dass er die Beschuldigteneigenschaft begründen *kann.*[7] Es wäre demnach möglich, dass ein Zeuge nach informatorischer Befragung unter Rückgriff auf § 102 StPO durchsucht wird, obwohl er noch nicht Beschuldigter, sondern nur verdächtig ist.[8] Dieser Ansicht ist zu widersprechen, sofern sie implizieren sollte, dass die Verdachtsschwelle unter den Grad des Anfangsverdachts gesenkt wird.[9] Gerät eine Person in den Verdacht, eine Straftat begangen zu haben, der den Anforderungen des Anfangsverdachts der §§ 152 Abs. 2, 160 Abs. 1 StPO entspricht, ist dies zutreffender Ansicht nach immer für die Begründung der Beschuldigteneigenschaft ausreichend und unabdingbare Voraussetzung für die Durchsuchung nach § 102 StPO. Insoweit die höchstrichterliche Rechtsprechung einen starken bzw. einen konkreten und ernsthaften Verdacht fordert[10], zeigt sie lediglich die Grenzen des Beurteilungsspielraums der Strafverfolgungsbehörden auf, einem Verdächtigen den Status des Beschuldigten ohne Willkür vorzuenthalten. Auf die ihrerseits wiederum fragwürdige Judikatur, die der deutschen Strafprozessordnung unbekannte Verdachtsgrade einführt, muss daher nicht eingegangen werden.

Die Orientierung an den Voraussetzungen des Anfangsverdachts lässt sich auch einigen Entscheidungen des Bundesverfassungsgerichts entnehmen.[11] Dabei leitet das Bundesverfassungsgericht ganz generell die Notwendigkeit eines ausreichenden Tatverdachts in Anbetracht des tief greifenden Eingriffs in das Grundrecht auf Achtung der räumlichen Privatsphäre bzw. auf Unverletzlichkeit der Wohnung gemäß Art. 13 Abs. 1 GG aus dem Grundsatz der Verhältnismäßigkeit und dem Willkürverbot ab. Es muss von Verfassungs wegen ein angemessenes Verhältnis zwi-

---

6 *Beulke*, Strafprozessrecht, 12. Auflage, 2012, Rn. 311; vgl. BVerfG, NStZ-RR 2004, S. 206 f.; wistra 2004, S. 295 f.; BGH, NJW 1989, S. 96, 97.

7 OLG Köln, VRS 27, S. 103; Meyer-Gossner/*Schmitt*, StPO, (Fn. 4), § 102 Rn. 3.

8 *Rogall*, in: NJW 1978, S. 25, 35.

9 So zutreffend *Tsambikakis*, in: LR, (Fn.5), § 102 Rn. 12; *Geerds*, Festschrift für Hanns Dünnebier, hrsg. u.a. von Hanack, 1982, S. 171, 173 f.

10 BGHSt 37, 49, 52; 41, 367, 372.

11 BVerfG, NJW 1994, S. 2079, 2080; 2000, S. 84, 85; NStZ-RR 2004, S. 206, 207; NJW 2007, S. 2749, 2751; 2014, S. 3085, 3087.

schen dem Eingriff und der Stärke des Tatverdachts bestehen.[12] Bloße Vermutungen und vage Hinweise auf das Vorliegen einer verfolgbaren und sanktionierbaren Straftat reichen nicht aus, um eine Durchsuchung zu rechtfertigen.[13] Zu ergänzen ist, dass eine Durchsuchung daher nicht zur Ermittlung von Tatsachen dienen darf, die zur Begründung des Tatverdachts erforderlich sind. Dies wäre unzulässige Ausforschung.[14] Gegen diese Anforderungen soll dann verstoßen werden, wenn sich sachlich zureichende plausible Gründe für eine Durchsuchung nicht mehr finden lassen.[15]

Nach diesen Maßstäben besteht im Fall „Gurlitt“ kein Anfangsverdacht, dass der Beschuldigte unter Verletzung der Gestellungspflicht Kunstgegenstände aus der Schweiz nach Deutschland eingeführt und die anfallende Einfuhrumsatzsteuer pflichtwidrig nicht entrichtet hat. Diese Vermutung der Strafverfolgungsorgane ist nicht mehr als bloße Spekulation. Wie aus dem Umstand, dass Gurlitt am 22. September 2010 mit 9000,- Euro Bargeld, das aus jahrzehntelang zurückliegenden Kunstverkäufen stammte, von der Schweiz nach Deutschland reiste, der Schluss gezogen werden kann, dieser habe in einer Vielzahl weiterer Fälle Kunstgegenstände unter Hinterziehung von Einfuhrumsatzsteuer eingeführt, bleibt – wie die Verteidigung in ihrer Beschwerde vom 14. Februar 2014 gegen den Durchsuchungs- und Beschlagnahmebeschluss zu Recht ausführt – völlig unerfindlich bzw. das Geheimnis der Strafverfolgungsbehörden. Ein allgemeiner kriminalistischer Erfahrungssatz, der den Schluss von der Bargeldeinfuhr in Höhe von 9000,- Euro auf die Hinterziehung von Einfuhrumsatzsteuer stützen könnte, existiert nicht. Zu berücksichtigen ist in diesem Zusammenhang überdies, dass die einzige konkrete Tatsache, auf die der Tatverdacht gegründet worden ist, in einem legalen Verhalten von Gurlitt besteht. Denn gemäß den Vorschriften des Zollverwaltungsgesetzes ist die Einführung von Bargeld in Höhe von 9000,- Euro nicht anzeigepflichtig. Die Frage des Zollbeamten war daher so auszulegen, dass sie sich nur auf anzeigepflichtige Bargeldmengen bezog. Es ist jedoch nach Ansicht des Bundesverfassungsgerichts unzulässig, den Schluss auf einen Verdacht

---

12 So schon BVerfG, NJW 1991, S. 690, 691; NJW 1994, S. 2079.

13 BVerfG, NStZ-RR 2005, S. 207; wistra 2006, S. 377, 378; NJW 2007, S. 1443; 2007, S. 2749, 2751; StV 2010, S. 665; NJW 2011, S. 2275; 2014, S. 3085, 3087.

14 BVerfG, NJW 1994, S. 2079; wistra 2006, S. 377, 378; StV 2010, S. 665; 2013, S. 609.

15 BVerfG, NJW 1991, S. 690, 691; 1994, S. 2079; NStZ-RR 2005, S. 207; NJW 2011, S. 2275; 2014, S. 3085, 3087.

ausschließlich auf legales Verhalten des Beschuldigten zu stützen. Diesen Rechtssatz hat das Bundesverfassungsgericht jüngst auch bei der Entscheidung über die Verfassungsbeschwerde von Edathy zugrunde gelegt, das Vorliegen seiner Voraussetzungen aber mit zweifelhaften Erwägungen verneint.[16] Bekanntlich ging es ebenso im Fall „Edathy" um Bilder, wenn auch eines etwas anderen Genre. Es sei hinzugefügt, dass der genaue Rechtsgrund und die genaue Anwendungsreichweite dieses Rechtssatzes noch einer Klärung bedürfen. So ist es sicherlich legal, ein Geständnis abzulegen, gleichwohl begründet es ohne Zweifel den Anfangsverdacht der Begehung einer Straftat.

Hinzu kommt das Manko, dass die Straftaten, derer Gurlitt verdächtigt worden ist, im Hinblick auf die Voraussetzungen des prozessualen Tatbegriffs nicht hinreichend individualisiert sind. Von einer Tat im strafprozessualen Sinne ist dann auszugehen, wenn das zu beurteilende geschichtliche Vorkommnis nach der Auffassung des Lebens einen einheitlichen Lebensvorgang bildet, wenn also die Trennung als unnatürliche Aufspaltung eines einheitlichen Lebensvorgangs empfunden würde.[17] Konstituenten des prozessualen Tatbegriffs sind in erster Linie Tatort, Tatzeit und das Tatobjekt.[18] Wann und wo Gurlitt welchen Kunstgegenstand von der Schweiz nach Deutschland eingeführt hat, ist noch nicht einmal ansatzweise durch Indizien konkretisierbar. Schon aus diesen Gründen ist der Durchsuchungsbeschluss ganz offensichtlich prozessual unzulässig bzw. rechtswidrig. Da kein Anfangsverdacht gemäß den §§ 152 Abs. 2, 160 Abs. 1 StPO existiert, hätte schon kein Ermittlungsverfahren gegen Gurlitt eingeleitet werden dürfen.

Die fehlenden materiellen Voraussetzungen für eine Durchsuchung nach § 102 StPO spiegeln sich in den formellen Mängeln des gerichtlichen Durchsuchungsbeschlusses wider. So ist das Bundesverfassungsgericht der Auffassung, dass in dem Durchsuchungsbeschluss ein dem Beschuldigten angelastetes Verhalten geschildert werden muss, das den Tatbestand eines Strafgesetzes erfüllt.[19] In anderen Entscheidungen wird diese Anforderung erstaunlicherweise unter den Vorbehalt des Ermittlungsstandes gestellt. So findet sich die Formulierung, dass ein Durchsuchungsbefehl, der keinerlei tatsächliche Angaben über den Inhalt des Tatvorwurfs

---

16 BVerfG, NJW 2014, S. 3085, 3087; siehe auch BVerfG, NStZ-RR 2005, S. 207; wistra 2006, S. 377, 378.

17 BGHSt 23, 270, 273; vgl. BGHSt 32, 215, 216.

18 Siehe *Beulke*, Strafprozessrecht, 12. Auflage, 2012, Rn. 512 ff.

19 BVerfG, NJW 2007, S. 1443; 2011, S. 2275.

enthalte, jedenfalls dann rechtsstaatlichen Anforderungen nicht gerecht werde, wenn solche Kennzeichnungen nach dem bisherigen Ergebnis der Ermittlungen ohne Weiteres möglich und den Zwecken der Strafverfolgung nicht abträglich seien.[20] Was die Zeitspanne zwischen der Durchsuchungsanordnung und ihrer Vollstreckung anbetrifft – es waren gut fünf Monate –, so ist nach Auffassung des Bundesverfassungsgerichts davon auszugehen, dass erst nach Ablauf eines halben Jahres die richterliche Anordnung nicht mehr den Rahmen, die Grenzen und den Zweck der Durchsuchung im Sinne eines effektiven Grundrechtsschutzes sichert.[21] In der Literatur wird freilich diese Grenzziehung teilweise als viel zu weitgehend kritisiert. So soll schon bei einer Zeitdauer von vier Wochen die Vermutung dafür sprechen, dass sich der Sachverhalt, auf den die Durchsuchungs- und Beschlagnahmeanordnung gestützt wurde, nicht geändert hat.[22]

Ob schon die rechtsfehlerhafte Durchsuchung zur Unverwertbarkeit der gewonnen Beweismittel führt, lässt sich aufgrund des ungeklärten und unübersichtlichen Meinungsstandes nicht mit an Sicherheit grenzender Wahrscheinlichkeit sagen. Richtiger Ansicht nach löst das Fehlen der materiellen Anordnungsvoraussetzungen ein Verwertungsverbot für die aufgefundenen Beweisgegenstände aus.[23] Dies gilt zumindest dann, wenn die Beschlagnahme nicht auf prozessual zulässigem Wege hätte erfolgen können.[24] Insoweit ist zu berücksichtigen, dass – ebenso wie bei der Durchsuchung – das Bestehen eines Anfangsverdachts materielle Voraussetzung einer Beschlagnahme ist.[25] Dies entspricht der Position des Bundesverfassungsgerichts, das ausdrücklich feststellt,[26] dass nicht nur bei der Durchsuchung, sondern gleichermaßen bei einer Beschlagnahme ein vager Verdacht nicht genüge.[27] Ebenso ist bei einer Beschlagnahme eine Ausforschung unzulässig.[28] Schon daraus ergibt sich die Rechtswidrigkeit der Beschlagnahme bzw. ihre prozessuale Unzulässigkeit und richtiger Auf-

---

20 BVerfG, NStZ-RR 2004, S. 206; vgl. auch BVerfG, wistra 2006, S. 377, 378.
21 BVerfGE 96, 344.
22 Pars pro toto *Streck*, StV 1984, S. 348, 350.
23 LG Heilbronn, StV 2005, S. 380, 382; *Wohlers*, in: SK, (Fn. 5), § 102 Rn. 38.
24 Vgl. BVerfG, NStZ 2004, S. 216.
25 OLG Hamm, MDR 1981, S. 70; Meyer-Gossner/Schmitt, StPO, (Fn. 4), § 94 Rn. 8; *Nack*, in: KK, (Fn. 4), § 94 Rn. 8.
26 BVerfG, NStZ-RR 2004, S. 206.
27 BVerfG, NJW 1995, S. 2839, 2840.
28 OLG Köln, StV 1983, S. 56.

fassung nach darüber hinaus die Unverwertbarkeit der aufgefundenen Beweisgegenstände.[29]

Doch damit nicht genug: Die beschlagnahmten Gegenstände müssen eine potentielle Beweisbedeutung besitzen. Für welche Beweisführung der Gegenstand *im Einzelnen* in Betracht kommt, braucht allerdings noch nicht festzustehen.[30] Es ist jedoch nicht ersichtlich, wie die *bloße* Beschlagnahme der Kunstgegenstände Beweis für ihre Einfuhr unter Verstoß gegen die Gestellungspflicht erbringen kann. Das Vorhandensein der Exponate in der Münchener Wohnung von Gurlitt lässt keinen Rückschluss darauf zu, wie diese nach Deutschland gelangt sind. Die materielle Voraussetzung der Beweisbedeutung schlägt sich in entsprechenden formellen Anforderungen an die Beschlagnahmeanordnung nieder. So verlangt das Bundesverfassungsgericht, dass die richterliche Beschlagnahmeanordnung erkennen lässt, welche Gegenstände für welchen Tatverdacht aus welchen Gründen für bedeutsam gehalten werden.[31] Die richterliche Beschlagnahmeanordnung im Fall „Gurlitt“ begnügt sich jedoch mit der formelhaften Wendung bzw. dem lapidaren Hinweis, dass die genannten Gegenstände als Beweismittel von Bedeutung sein können. Warum dies der Fall ist, wird mit keinem Wort ausgeführt.

Schließlich ist zu beachten, dass die Beschlagnahme auch verhältnismäßig sein muss. Der verbundene Eingriff darf nicht außer Verhältnis zur Bedeutung der Sache und zur Stärke des Tatverdachts stehen.[32] Zu berücksichtigen ist in diesem Zusammenhang auch die Beweisbedeutung der beschlagnahmten Gegenstände.[33] Ist die Beschlagnahme unverhältnismäßig, dann ist der Eingriff rechtswidrig bzw. prozessual unzulässig. Angesichts dieser Parameter ist der Totalzugriff auf sämtliche Kunstwerke als Verstoß gegen das Übermaßverbot zu bewerten. Freilich ist der Vorbehalt zu beachten, dass möglicherweise Gurlitt als Beschlagnahmebetroffener nicht Eigentümer der Kunstwerke gewesen ist. Zu beachten ist freilich die Eigentumsvermutung des § 1006 Abs. 1 BGB, auf die weiter unten noch kurz eingegangen wird.

In der Literatur wird insoweit hilfsweise auf den Eingriff in die allgemeine Handlungsfreiheit und in das Persönlichkeitsrecht verwiesen.[34] Ob

29 So für den Fall Unverhältnismäßigkeit *Nack*, in: KK, (Fn. 4), § 94 Rn. 19.
30 BGH, NStZ 1981, S. 94; StraFo 2009, S. 241.
31 BVerfG, NStZ 1992, S. 91, 92.
32 BVerfGE 20, 162, 186, 213; BVerfG, NStZ 1992, S. 91, 92.
33 *Menges*, in: LR, (Fn. 5), § 94 Rn. 51.
34 *Menges*, in: LR, (Fn. 5), § 94 Rn. 51.

dieser Rechtsansicht zu folgen ist, kann an dieser Stelle nicht weiter erörtert werden. Auch die Beschlagnahmedauer von knapp zwei Jahren ist im Hinblick auf den Verhältnismäßigkeitsgrundsatz bedenklich. Der Verstoß gegen den Verhältnismäßigkeitsgrundsatz führt immer auch zu einem Verwertungsverbot.[35]

Weller hat – allerdings in unverschuldeter Unkenntnis der genauen strafprozessualen Umstände des Falls „Gurlitt" – die Möglichkeit in Erwägung gezogen, die Beschlagnahme der Kunstwerke auf § 108 StPO zu stützen.[36] § 108 StPO regelt die Beschlagnahme sog. Zufallsfunde. Werden bei Gelegenheit einer Durchsuchung Gegenstände gefunden, die zwar in keiner Beziehung zu der Untersuchung stehen, aber auf die Verübung einer anderen Straftat hindeuten, so sind diese einstweilen in Beschlag zu nehmen. Der Charme, den § 108 StPO offenbar ausübt, liegt darin, dass die Eigenschaft der aufgefundenen Gegenstände, auf die Verübung einer anderen Straftat *hinzudeuten*, keinen Anfangsverdacht vorauszusetzen scheint. So wird von Teilen der Literatur der ungewisse Verdacht einer Tat für ausreichend gehalten. Andernfalls könne die Beschlagnahme – so die Argumentation – unmittelbar auf § 94 StPO gestützt werden, da gemäß § 98 Abs. 1 StPO bei Gefahr im Verzug die Beschlagnahme auch durch die Staatsanwaltschaft angeordnet werden darf.[37]

Diese Ansicht als Prämisse zugrunde legend behauptet Weller, dass die Einschätzung, es handele sich um Diebesgut, vertretbar sei, wenn Ermittlungsbehörden in einer kleinen Wohnung eine Ansammlung von mehr als 1200 Kunstgegenständen, zum Teil verpackt, zum Teil in Konvoluten gebunden, auffinden.[38] Der Rückgriff auf § 108 StPO ist jedoch aus mehreren Gründen versperrt. Zunächst hat rein faktisch keine vorläufige Beschlagnahme stattgefunden. Die Ermittlungsbehörden sind gerade nicht von Diebstahlsdelikten, sondern von der Vorenthaltung der Einfuhrumsatzsteuer durch die eingeführten Kunstwerke ausgegangen. Zudem ist die vorläufige Beschlagnahme prozessual unzulässig bzw. rechtswidrig, wenn der Durchsuchungsbeschluss, auf dem sie beruht – wie im vorliegenden Fall –, willkürlich und daher rechtswidrig ist. Die vorläufig beschlagnahmten Gegenstände dürfen daher nicht verwertet werden.[39] Schließlich

---

35 BVerfGE 44, 353, 383.

36 *Weller*, in: KUR 2013, S. 183 ff.

37 *Wohlers*, in: SK, (Fn. 5), § 108 Rn. 11.

38 *Weller*, in: KUR 2013, S. 183, 184.

39 BGHSt 28, 349; *Wohlers*, in: SK, (Fn. 5), § 108 Rn. 17; *Nack*, in: KK, (Fn. 4), § 108 Rn. 10.

ist die Auffassung, dass bei einem Zufallsfund die Verdachtsschwelle des Anfangsverdachts nicht erreicht werden muss, fragwürdig, da nur im Falle eines Anfangsverdachts im Sinne der §§ 152 Abs. 2, 160 Abs. 1 StPO Ermittlungen im Rahmen eines formellen Verfahrens überhaupt zulässig sind.[40] Die herrschende Meinung würde die Befugnis zur Ausforschung eröffnen.

Des Weiteren ist auch keine Beschlagnahme nach § 111 b Abs. 1 StPO erfolgt. Gemäß § 111 b Abs. 1 StPO können Gegenstände beschlagnahmt werden, wenn Gründe für die Annahme vorliegen, dass die Voraussetzungen für ihren Verfall oder ihre Einziehung vorliegen. Gemäß § 370 Abs. 2 Nr. 1 AO können bei Begehung einer Steuerhinterziehung unter anderem die Erzeugnisse, Waren und andere Sachen, auf die sich die Hinterziehung von Einfuhrabgaben im Sinne des Art. 4 Nr. 10 und 11 des Zollkodex beziehen, eingezogen werden. Die Gegenstände können dann gemäß § 111 c Abs. 1 StPO dadurch beschlagnahmt werden, dass sie in Gewahrsam genommen werden oder die Beschlagnahme durch Siegel oder in anderer Weise kenntlich gemacht wird. Zuständig ist gemäß § 111 e Abs. 1 StPO das Gericht, bei Gefahr im Verzug auch die Staatsanwaltschaft, bei beweglichen Sachen auch die Ermittlungspersonen der Staatsanwaltschaft. Freilich ist gemäß § 74 Abs. 1 Nr. 1 StGB die Einziehung nur dann zulässig, wenn der Gegenstand zur Zeit der Tat dem Täter oder Teilnehmer gehört oder zusteht.

Insgesamt drängt sich der Verdacht auf, dass die Staatsanwaltschaft nicht ein Ermittlungsverfahren gegen Gurlitt eingeleitet und die Durchsuchung und Beschlagnahme erwirkt und durchgeführt hat, um Beweismittel für die Begehung einer Steuerstraftat seitens Gurlitt zu erlangen, sondern um mögliche Restitutionsansprüche von NS-Opfern zu klären. Dafür spricht nicht nur der Totalzugriff auf sämtliche Kunstwerke Gurlitts, sondern auch die Existenz vieler Belege in der Ermittlungsakte, aus denen das Bemühen der Strafverfolgungsbehörden hervorgeht, die Provenienz der Kunstgegenstände zu erforschen. Ein klares Indiz dafür ist insbesondere die Erwägung der Strafverfolgungsbehörden, die Beschlagnahme der Kunstwerke auf das Polizeiaufgabengesetz – also dem bayerischen Polizeigesetz – zum Schutz möglicher NS-Opfer zu stützen. Damit aber hätten die Strafverfolgungsorgane den Einsatz strafprozessualer Zwangsmaßnahmen dazu missbraucht, prozessfremde Zwecke zu verfolgen. Denn

---

40 *Müller*, in: KMR StPO, hrsg. u. a. von Heintschell-Heineg, Bd. 2, 2011, § 108 Rn. 5.

weder die Einleitung eines Strafverfahrens noch die Beweismittelbeschlagnahme dienen der Durchsetzung, Geltendmachung oder Sicherung etwaiger zivilrechtlicher Ansprüche.[41] Wohlwollend könnte man formulieren, dass in Bayern Vergangenheitsbewältigung in den Formen der Justiz betrieben wurde. Bei realistischer Einschätzung besteht jedoch vielmehr der Anfangsverdacht, dass die bayerischen Organe der Strafrechtspflege das Recht gebeugt und eine Straftat nach § 339 StGB begangen haben. In einem Rechtsstaat heiligt der Zweck nicht die Mittel. Diese Einsicht ist gewiss ein Gemeinplatz. Ihre Beachtung und Umsetzung fällt aber offenbar dann schwer, wenn moralischer Druck auf den zuständigen Behörden lastet. Die unbestrittene moralische Dimension des Falles entbindet jedoch nicht von der Beachtung des objektiven Rechts und der subjektiven Rechte von Gurlitt. Sie kann das Vorgehen gegen Gurlitt weder legalisieren noch legitimieren.

IV. Rechtliche Würdigung der Herausgabe der beschlagnahmten Kunstwerke an den Beschuldigten Gurlitt

Zu guter Letzt soll auf die Frage eingegangen werden, an welche Person die beschlagnahmten Kunstwerke seitens der Staatsanwaltschaft zurückzugeben waren. Grundsätzlich sind beschlagnahmte Gegenstände an den letzten Gewahrsamsinhaber herauszugeben. Dies wäre in unserem Fall der Beschuldigte Gurlitt. Eine Ausnahme macht § 111 k Abs. 1 StPO im Falle beweglicher Sachen. Diese sollen, wenn sie für die Zwecke des Strafverfahrens nicht mehr benötigt werden, dem Verletzten, dem sie durch die Straftat entzogen worden sind, herausgegeben werden, wenn er bekannt ist und Ansprüche Dritter nicht entgegenstehen. Erfasst sind dabei nur diejenigen Sachen, die unmittelbar durch die Straftat in den Besitz des Täters gelangt sind.[42] Dabei ist es nach herrschender Auffassung notwendig, dass es sich um die Straftat handeln muss, die den Gegenstand der Untersuchung bildet.[43] Keinesfalls genügt – wie vereinzelt in der Judikatur unter Missachtung des Wortlauts angenommen worden ist –, dass es sich um ir-

41 *Park*, Durchsuchung und Beschlagnahme, 2. Auflage, 2009, Rn. 438.

42 OLG Köln, StV 2005, S. 541.

43 *Rogall*, in: SK, (Fn. 5), § 111 k Rn. 13; Meyer-Gossner/*Schmitt*, StPO, (Fn. 4), § 111 k Rn. 6.

gendeine Straftat handelt.[44] Demnach kommt im Fall „Gurlitt“ eine Anwendung von § 111 k Abs. 1 StPO eindeutig nicht in Betracht. Dies schließt allerdings nicht aus, dass der Intention der Judikatur durch Rückgriff auf normative Erwägungen jenseits der gesetzlichen Regelungen Rechnung getragen werden kann.

Zu erwähnen ist daher in diesem Zusammenhang die von der Rechtsprechung und Teilen der Literatur vertretene Auffassung, dass es sich bei § 111 k Abs. 1 StPO um eine Ausnahmevorschrift handele und in allen anderen Fällen die beschlagnahmten Gegenstände im Sinne eines actus contrarius an den ursprünglichen Gewahrsamsinhaber herauszugeben seien.[45] Schon aus der Nichterfüllung der Voraussetzungen des § 111 k Abs. 1 StPO würde also die Pflicht zur Herausgabe der beschlagnahmten Gegenstände an Gurlitt folgen. Diese Ansicht wäre konsequent, wenn man dem Gesetz den Willen zuschreibt, dass es nicht Aufgabe des Strafverfahrens sei, über zivilrechtliche Ansprüche zu entscheiden bzw. den Besitz an Sachen zu regeln.[46] Allerdings fordert Nr. 75 Abs. 3 RiStBV, dass dann, wenn der Herausgabe an den letzten Gewahrsamsinhaber oder an eine von ihm benannte Person offensichtlich begründete Ansprüche eines Dritten entgegenstehen, die Sachen an diesen herauszugeben sind – im Falle „Gurlitt“ also mögliche Ansprüche der NS-Opfer. Bestehen lediglich Anhaltspunkte für die Berechtigung eines Dritten, so kann der Staatsanwalt diesem unter Bestimmung einer Frist Gelegenheit zu ihrem Nachweis geben. Lässt der Dritte die Frist ungenutzt verstreichen, so ist wiederum der Gegenstand an den letzten Gewahrsamsinhaber oder an eine von ihm bestimmte Person herauszugeben. Gegen die Anerkennung von Nr. 75 Abs. 3 RiStBV als tragfähige Rechtsgrundlage für die Herausgabe beschlagnahmter Sachen an Dritte wird jedoch geltend gemacht, dass es sich um eine bloße Verwaltungsvorschrift handele, die dafür keine gesetzliche Grundlage biete.[47]

Viel plausibler ist jedoch die Annahme, dass der Staat die beschlagnahmten Sachen grundsätzlich an denjenigen herauszugeben hat, der gegenüber dem Staat ein Recht auf den Besitz geltend machen kann.[48] Der

---

44 OLG Düsseldorf, NStZ 1984, S. 379; 1984, S. 567; KG, JR 1988, S. 390; OLG Hamm, NStZ 1986, S. 376.

45 *Menges*, in: LR, (Fn. 5), § 98 Rn. 66 ff.

46 OLG Nürnberg, HESt 2 (1949), S. 84 f.; OLG Düsseldorf, NStZ 1990, S. 202.

47 So *Achenbach*, in: Kommentar zur Strafprozessordnung, Reihe Alternativkommentare, hrsg. von Wassermann, Bd. 2/Teilbd. 1, 1992, § 111 k Rn. 11.

48 Vgl. *Rogall*, in: SK, (Fn. 5), § 111 k Rn. 1.

Staat entscheidet insoweit nicht autoritativ über zivilrechtliche Ansprüche, sondern kommt lediglich seiner Verpflichtung nach, die Rechte der Bürger nicht zu verletzen. Zu denken ist hier natürlich in erster Linie an das Eigentum. Ist Eigentümer ein Dritter und hat der Beschlagnahmebetroffene kein gegenüber dem Eigentümer vorrangiges Recht zum Besitz, würde sich der Staat gegebenenfalls schadensersatzpflichtig machen. Nach § 839 BGB i.V.m. Art. 34 GG kommen Amtshaftungsansprüche in Betracht, da sich die Drittbezogenheit der Amtspflicht auch auf das Unterlassen deliktischer Eingriffe nach § 823 Abs. 1 BGB erstreckt. Des Weiteren kann sich eine Haftung auch aufgrund der Pflichten der §§ 688 ff. BGB aus dem öffentlich-rechtlichen Verwahrungsverhältnis ergeben. Durch die Nichtherausgabe an den vorherigen Gewahrsamsinhaber – im Falle der Beschlagnahme nach § 102 StPO also der Beschuldigte – würden hingegen dessen Rechte nicht verletzt werden.[49] Es bedarf daher auch keiner gesetzlichen Grundlage für die Rückgaberegelung der Nr. 75 Abs. 3 RiStBV.

In Anerkennung dieser Prämisse wird die Auffassung vertreten, dass eine Rückgabe an den letzten Gewahrsamsinhaber ausscheiden soll, wenn *feststeht*, dass dieser den Gegenstand durch eine Straftat erlangt hat bzw. unrechtmäßig in den Besitz gelangt ist.[50] Dies soll dann der Fall sein, wenn es sich bei den beschlagnahmten Gegenständen um abhanden gekommene Sachen handelt oder der Beschlagnahmebetroffene bei dem Erwerb des Besitzes nicht in gutem Glauben war. Als Begründung wird angeführt, dass die Strafverfolgungsbehörden durch die Rückgabe der beschlagnahmten Sachen nicht den durch die Straftat geschaffenen rechtswidrigen Besitzzustand wiederstellen dürften.[51] Diese Voraussetzungen sind im Fall „Gurlitt" nicht erfüllt – und zwar nicht nur deswegen, weil nicht klar ist, ob es sich bei dem jeweiligen Kunstwerk überhaupt um Raubkunst bzw. entartete Kunst handelt, sondern auch deswegen, weil Gurlitt die Kunstwerke nach § 937 Abs. 1 BGB ersessen haben könnte. Eine Hemmung der Ersitzung nach § 939 Abs. 2 BGB i.V.m. § 206 BGB ist wohl zu verneinen. Der Umstand, dass die Vorbesitzer an der Verfolgung ihrer Ansprüche aufgrund mangelnder Informationen über den Verbleib der Kunstwerke gehindert waren, begründet wohl auch dann keine höhere Gewalt im Sinne dieser Vorschrift, wenn man berücksichtigt, dass

49 *Johann*, in: LR, (Fn. 5), § 111 k Rn. 29.
50 *Johann*, in: LR, (Fn. 5), § 111 k Rn. 2; *Nack*, in: KK, (Fn. 4), § 111 k Rn. 5.
51 *Rogall*, in: SK, (Fn. 5), § 111 k Rn. 1.

dies unter anderem auch Folge von Verfolgung und Krieg war. Das Vorliegen höherer Gewalt ist allerdings umstritten.[52] Freilich müssten auch nach der Gegenauffassung die Voraussetzungen des § 206 BGB erst noch festgestellt werden. Allerdings kann der fehlende gute Glaube den Eigentumserwerb gemäß § 937 Abs. 2 BGB ausschließen. Maßgeblich ist insoweit die grob fahrlässige Unkenntnis des Besitzers hinsichtlich der fehlenden eigenen Rechtsstellung. Die etwaige Bösgläubigkeit des Rechtsvorgängers wird nicht zugerechnet.[53] Was die Konfiskation entarteter Kunst anbetrifft, so ist zu berücksichtigen, dass der Zugriff in erster Linie öffentliche Museen und Kunstsammlungen und erst in zweiter Linie private Leihgeber betraf. Die Beschlagnahme wurde rückwirkend durch das Gesetz über die Einziehung von Erzeugnissen entarteter Kunst von 1938 legalisiert. Die Enteignung war auf Reichsbürger und inländische juristische Personen beschränkt. Das Gesetz wurde vom Alliierten Kontrollrat nach dem Ende des Zweiten Weltkriegs nicht aufgehoben. Es ist umstritten, ob die Enteignung privater Leihgeber aufgrund des Eingreifens der Radbruch'schen Formel rückwirkend als nichtig anzusehen ist.[54] Dieses interessante Rechtsproblem kann aber leider hier nicht vertieft werden.

Da weder bewiesen ist, dass es sich bei den jeweiligen Kunstwerken um Raubkunst oder um entartete Kunst handelt, noch, dass eine Ersitzung betroffener Kunstwerke ausgeschlossen ist, greift zugunsten von Gurlitt die Eigentumsvermutung des § 1006 Abs. 1 S. 1 BGB ein. Die Herausgabe der Kunstsammlung an Gurlitt ist daher rechtmäßig. Gestützt wird diese Rechtsansicht, wenn man anerkannt, dass etwaige Herausgabeansprüche der NS-Opfer gegenüber Gurlitt nach § 197 Abs. 1 Nr. 2 BGB verjährt sind. Nach § 198 BGB käme die Verjährungszeit auch dem Staat als Rechtsnachfolger zugute. Würde Raubkunst an die NS-Opfer herausgegeben, würde das Recht von Gurlitt, sich auf die Einrede der Verjährung zu berufen, unterlaufen werden. Anders gestaltet sich womöglich die Rechtslage, wenn zum Zeitpunkt der Rückgabe schon NS-Opfer als mögliche Berechtigte bekannt gewesen sein sollten. Denn dann hätte die Staatsanwaltschaft nach Nr. 75 Abs. 3 RiStBV diesen unter Bestimmung einer Frist Gelegenheit zum Nachweis ihrer Ansprüche geben können, sofern

52 *Reich*, in: NJW 1993, S. 1417, 1420; Heuer, in: NJW 1999, S. 2558, 2563.

53 *Bassenge*, in: Palandt, Bürgerliches Gesetzbuch, 72. Auflage, 2013, § 948 Rn. 1; vgl. aber *Baldus*, in: Münchener Kommentar, § 943 Rn. 13.

54 Siehe dazu *Reich*, in: NJW 1993, S. 1417 ff.; *Heuer*, in: NJW 1999, S. 2558 ff.; *Hipp*, Schutz von Kulturgütern in Deutschland, 2000, S. 53; *Kunze*, Restitution „Entarteter Kunst", Sachenrecht und Internationales Privatrecht, 2000, S. 67 ff.

Anhaltspunkte für ihre Berechtigung bestanden. Es erscheint sinnvoll, wie bei § 111 k StPO, den Dritten unter diesen Voraussetzungen auf den Zivilrechtsweg zu verweisen.[55] Vereinzelt wird jedoch auch die Möglichkeit einer Hinterlegung nach § 372 BGB angeregt.[56] Es wird jedoch in der Literatur auch die Ansicht vertreten, dass die Berücksichtigung der Rechte Dritter auf jene Fälle zu beschränken ist, in denen die Rechtslage von vornherein klar bzw. offensichtlich ist.[57] Die Argumente, die für dieses Prozedere sprechen, können an dieser Stelle nicht aufgeführt und gewürdigt werden.

V. Schlussbemerkung

Es wurde anfangs in der Vorbemerkung betont, dass der Fall „Gurlitt" aus mehreren Gründen bemerkenswert sei. Wir können den dort genannten Gründen einen weiteren hinzufügen: die Verwunderung darüber, mit welcher Bedenkenlosigkeit sich die bayerischen Organe der Strafrechtspflege über geltendes Verfassungs- und Gesetzesrecht hinweggesetzt haben. Das völlige Leerlaufen der Schutzfunktion des von Art. 13 GG geforderten Richtervorbehalts ist mehr als beunruhigend. Bekanntlich hat das Ermittlungsverfahren Gurlitt, der sich der moralischen Dimension des Falles durchaus bewusst gewesen ist und sich kooperativ gezeigt hat, gesundheitlich stark zugesetzt. Die Vorstellung, dass die illegale Einleitung des Ermittlungsverfahrens gegen Gurlitt und der Vollzug der strafprozessualen Zwangsmaßnahmen dessen Tod mitverursacht haben könnten, ist bedrückend. Dies gilt selbst in Anbetracht des unermesslichen Unrechts, das mittelbar den gegen ihn geführten Strafprozess ausgelöst hat.

---

55 Vgl. OLG Hamm, NStZ 1986, S. 376; *Weller*, in: KUR 2014, S. 183, 185.

56 *Johann*, in: LR, (Fn. 5), § 111 k Rn. 30.

57 So *Johann*, in: LR, (Fn. 5), § 111 k Rn. 29.

Die sachenrechtliche Dimension des Falles „Gurlitt“

*Christian Baldus**

I. Überblick

Ich möchte meine Ausführungen auf einen zentralen Punkt konzentrieren. Es geht um den guten Glauben von Personen, welche Bilder der Sammlung Gurlitt zu erwerben suchten oder möglicherweise künftig zu erwerben suchen werden. Uns interessiert

- der Erwerb von Bildern durch Cornelius Gurlitt nach dem Tode seiner Eltern
- der Erwerb an Einzelstücken durch Dritte vor 2013
- ein möglicher künftiger Erwerb durch die Stiftung Kunstmuseum Bern,

und zwar jeweils solcher Bilder, die Hildebrand Gurlitt *nicht* wirksam erworben hatte und hinsichtlich deren Eigentumslage er ebenso wie seine ihn um elf Jahre überlebende Frau *bösgläubig* gewesen war. Wir unterstellen also, dass der Eigentumserwerb von Gurlitt senior aus irgendeinem Grund gescheitert war und dass in seiner Person wie in der seiner Frau auch keine Ersitzung begonnen hatte. Unter dieser Annahme kommt es auf den genauen Erbgang bis 1967 nicht an, und wir müssen auch die Bewusstseinslage der Witwe nicht näher kennen.

Für den ersten Punkt müssen wir – soweit bekannt – eine längere Zeitspanne im Leben des Cornelius Gurlitt betrachten, denn auch und gerade Informationen, die er vor oder nach dem Erbfall bekommen hat, können seinen guten oder bösen Glauben beeinflusst haben. Im zweiten Punkt kommt es auf den Einzelfall an. Im dritten verhält es sich insoweit einfacher, als die Leitung der Stiftung im Moment des Erbfalls wie auch in dem der Eröffnung und Bekanntgabe des Testaments sicher mit der Möglichkeit gerechnet hat und rechnen musste, dass die Bilder Dritten gehören könnten.

---

* Prof. Dr. Christian Baldus, Institut für geschichtliche Rechtswissenschaft der Universität Heidelberg. Nachweise demnächst in Müko BGB/*Baldus*, §§ 937, 985 (7. Aufl. München 2016).

Dabei lege ich in Übereinstimmung mit Herrn Kollegen Jayme die Anwendbarkeit deutschen Rechts zu Grunde. Generell ist der Vorbehalt zu machen, dass zahlreiche Sachverhaltsdetails nicht öffentlich bekannt sind. Es kommt also nicht in einem Wertungssinne, nicht im Sinne unkontrollierter Billigkeitserwägungen, auf den Einzelfall an, wohl aber gibt es relevante Fakten, die jedenfalls mir nicht bekannt sind. Mit dem Wort „Fakten" ist zugleich das Kernproblem benannt: Der Besitz nach dem BGB ist *faktisch* zu bestimmen. Darin wurzeln, wie auch dieser Fall zeigt, Glanz und Elend der deutschen Besitzrechtsdogmatik.

II. Erwerb durch Cornelius Gurlitt nach Besitzergreifung am Nachlass seiner Eltern

1. Vor Ablauf der Ersitzungsfrist

Sofortiger Erwerb nach § 1922 Abs. 1 BGB kommt nicht in Frage, da Hildebrand Gurlitt selbst nicht Eigentümer war, ebenso wenig ein Erwerb in kürzerer Frist als zehn Jahre: § 943 BGB scheitert jedenfalls an der Bösgläubigkeit von Gurlitt senior.

2. Bei Ablauf der Ersitzungsfrist

Zehn Jahre nach seinem eigenen Besitzerwerb, vermutlich also im Jahre 1977, könnte Cornelius Gurlitt Eigentum nach § 937 BGB erworben haben. Die Begründung von Eigenbesitz unterstellt, müsste Cornelius Gurlitt diesen 1967 ohne grobe Fahrlässigkeit erworben und auch später nicht positiv erfahren haben, dass die Bilder nicht seinem Vater gehört hatten. Über Ereignisse, die eine solche positive Kenntnis hätten begründen können, ist mir nichts bekannt. Es kommt also allein auf die Frage an, ob Cornelius Gurlitt die Vorstellung hatte, selbst Eigentümer geworden zu sein (nämlich durch Gesamtrechtsnachfolge), und eine solche Vorstellung auch ohne grobe Fahrlässigkeit haben konnte.

Grobe Fahrlässigkeit darf bekanntlich nicht unterstellt werden. Es kommt also darauf an, dass dem Erwerber (ich zitiere die bekannte Faustformel) nicht eingeleuchtet hat, was jedermann hätte einleuchten müssen;

und etwaiges Sonderwissen ist zu Lasten des Erwerbers zu berücksichtigen.[1]

Die meisten Rechtsprechungsfälle zur groben Fahrlässigkeit betreffen rechtsgeschäftliche Erwerbsvorgänge. Die von der Rspr. für solche Fälle versuchten Konkretisierungen passen hier also allenfalls dann, wenn wir uns vorstellen, Hildebrand Gurlitt habe seinen Sohn sozusagen auf einen späteren Übergang der Bestände vorbereitet; ansonsten müssen wir eine Konkretisierung für den selteneren Fall versuchen, dass ein Bösgläubiger vom Gutgläubigen beerbt wird, ohne dass eine Kommunikation zwischen beiden über die Objekte stattgefunden hätte. Dogmatisch steht die ungeklärte Frage im Hintergrund, inwieweit für alle denkbaren Ersitzungsobjekte die gleichen Fahrlässigkeitsregeln gelten.

3. Insbesondere: Guter Glaube und sog. Nachforschungsobliegenheit

Wir wissen nicht, ob Cornelius Gurlitt bereits vor dem Erbfall von den der Öffentlichkeit nicht bekannten Beständen seines Vaters wusste und ob bereits vorher in der Familie über diese Bestände gesprochen worden war – was man sich nach den Umständen vorstellen könnte. In diesem Fall ging Cornelius Gurlitt bereits vorbelastet in die Erbsituation. Denn ein fünfjähriges Kind mag sich nichts dabei denken – gestatten Sie mir die Karikatur –, unter einem Franz Marc oder Ernst Ludwig Kirchner sein Abendbrot zu essen, spätestens ein Jugendlicher hingegen wird Fragen stellen, erst Recht in einer kunstsinnigen Familie, und eine Antwort, die zu gutem Glauben führen könnte, kann man sich *in casu* kaum vorstellen.

Unterstellt hingegen, Cornelius Gurlitt wusste zu Lebzeiten seiner Eltern nichts, dann fand er nach dem Erbfall, im Alter von ungefähr 35 Jahren, eine Sammlung vor, die schon nach ihrem Umfang auch eine nicht spezifisch vorgebildete Person überraschen musste. Für den Sohn eines Museumsdirektors, der überdies selbst kunstgeschichtliche Vorlesungen gehört hatte, gilt das erst recht. Es wäre weiterhin völlig lebensfremd zu unterstellen, Cornelius Gurlitt habe in dieser Lage nicht auf den Gedanken

---

1 Zusammenfassung der h.A. und Nachweise bei OLG Celle GRUR-RR 2011, 24 (27).

kommen müssen, dass zumindest ein Teil der Bestände vor 1945 rechtswidrig den Besitzer gewechselt haben mochte.[2]

Selbstverständlich genügt nicht Kenntnis der Umstände zur Begründung grober Fahrlässigkeit, sondern der Schluss auf die Eigentumslage selbst muss von der groben Fahrlässigkeit infiziert sein. Das liegt hier aber nahe: Cornelius Gurlitt verfügte über spezifisches privates und professionelles Wissen, das ihm die Frage aufdrängen musste, wie sein Vater wohl an die Bilder gekommen sein könne. Selbst wenn er im Rechtsirrtum handelte, entlastete ihn ein solcher Irrtum nicht.

Nicht selten wird für diese Situation mit der Kategorie der Nachforschungsobliegenheit gearbeitet. Ich lasse hier offen, ob schon der Begriff dogmatisch bedenklich ist – entweder weil es überhaupt nur Pflichten und keine Obliegenheiten gibt oder weil es sich, wie in der Literatur ventiliert wird, jedenfalls wegen der Möglichkeit einer Haftung nach § 990 BGB um eine Pflicht handelt, nämlich eine Verkehrssicherungspflicht. Für unsere Zwecke ist das gleichgültig. In der Sache: Der Begriff verschlüsselt lediglich die Anforderungen an den guten Glauben und trägt nichts weiter zu dessen Konkretisierung bei.

Ich sehe nach alldem nicht, wie Cornelius Gurlitt die Bilder hätte ersitzen können. Was die Möglichkeit eines nachträglichen Gutgläubigwerdens angeht, ist sie zwar prinzipiell zu akzeptieren; es genügt aber nicht, wenn der Eigenbesitzer oder dessen Erbe seine Nichtberechtigung lediglich vergisst (überdies träfe ihn die Beweislast). Es muss ein neues Ereignis eintreten, etwa ein nachträglich abgeschlossenes Erwerbsgeschäft, auf dessen Wirksamkeit der Ersitzungsprätendent vertrauen durfte. Indizien dafür sind wiederum nicht erkennbar.

Zwischenergebnis: Cornelius Gurlitt war nichtberechtigter Besitzer der Bilder.

III. Erwerb an Einzelstücken durch Dritte vor 2013

Dies lässt sich nun kurz sagen, weiterhin unterstellt, dass es um abhanden gekommene Werke geht: § 932 BGB scheitert in diesem Fall an § 935 BGB,[3] so dass ein eventueller guter Glaube nur nach §§ 937ff. BGB rele-

---

2 In der Diskussion ist zu Recht von *Finkenauer* auf die seinerzeit geringere Sensibilität hingewiesen worden. Dennoch konnte eine Person in der Lage und mit den Kenntnissen Gurlitts nicht blind sein.

3 Anders selbstverständlich in den Fällen des § 935 Abs. 2 BGB.

vant sein kann. Hier ist nun auch die Möglichkeit einer *mala fides superveniens* zu erwägen. Das BGB verfolgt bekanntlich in § 937 Abs. 2 BGB a.E. eine Kompromisslinie zwischen zwei historischen Extremen. Grobe Fahrlässigkeit genügt danach nicht. Wohl aber wird man im Einzelfall realistisch fragen dürfen, was ein bestimmter Marktteilnehmer zu einem bestimmten Zeitpunkt hinsichtlich eines bestimmten Bildes wusste; es gibt Dinge, die jeder Kundige weiß, und ein kluger Richter wird niemandem glauben, er habe sie nicht gewusst. Hier hängen wir, wie eingangs gesagt, stark von der Faktenlage ab.

IV. Möglicher Erwerb der restlichen Sammlung durch die Stiftung Kunstmuseum Bern

Entsprechend finster sieht es für die Stiftung Kunstmuseum Bern aus: Ein wie auch immer gearteter gutgläubiger Erwerb nach deutschem Recht scheint mir kaum vorstellbar. Sie kann also nach § 1922 BGB nur erwerben, was bereits im Eigentum von Cornelius Gurlitt stand.

V. Vindikationsverjährung?

1. Grundsätzliches

Damit ist die Eigentumslage skizziert. Dogmatisch nach deutschem Recht von der Erwerbsfrage zu unterscheiden, praktisch und nach ausländischen Rechten auch dogmatisch aber eng damit verbunden, ist die Frage, wie lange die Berechtigten gegen den nichtberechtigten Besitzer *vorgehen* konnten oder können. Das deutsche Recht muss so trennen, weil es bekanntlich seit Windscheid strikt zwischen Anspruch und Klage trennt; dass jemand keinen Herausgabeanspruch mehr hat, heißt noch nicht, dass der Besitzer jetzt berechtigt oder gar Eigentümer wäre. Diese Position wird bekanntlich mit verfassungsrechtlichen Argumenten sowie unter Hinweis auf die geringe Praktikabilität eines *nudum ius* angegriffen; doch legt die herrschende Auffassung zu Recht Art. 14 GG enger aus, und die Trennung von Anspruch und Klage mag insgesamt unpraktikabel sein, ist aber ein bewährtes Strukturprinzip des deutschen Rechts geworden und dient nicht zuletzt der Rechtssicherheit. Nach alldem ist aus meiner Sicht nichts dagegen zu erinnern, dass der Gesetzgeber in § 197 Abs. 1 Nr. 2 BGB die Verjährbarkeit des Herausgabeanspruchs aus Eigentum ausdrücklich auf 30 Jahre festgeschrieben hat.

Man muss sich auch fragen, was die Fernwirkungen einer etwa erfolgreichen Aufwertung der Vindikation über Verfassungsrecht in anderen Feldern wären: Normalerweise tut man als Zivilrechtler gut daran, sich aus Gründen dogmatischer Qualität keine allzu präzisen Eingriffe des Verfassungsgerichts zu wünschen. Die Gemengelage zwischen Privatrecht und Verfassungsrecht in diesem Punkt verdient weitere Untersuchung. Aus meiner Sicht ist der positive Befund zum einfachen Recht derzeit jedenfalls stabil.

2. Vindikation gegen denselben Besitzer oder seinen „Rechtsnachfolger" nach 30 Jahren

Dies vorausgeschickt, bleibt dennoch festzustellen, dass die rechtspolitische Kritik angesichts der „Beutekunstfälle" zugenommen hat und dass das Zivilrecht diese Bewegung aus Akzeptanzgründen ernst nehmen muss, ohne seine dogmatischen Eigenheiten aufzugeben. Verständlicherweise wird es als moralisch schwer erträglich empfunden, dass die Rechtsnachfolger der Täter zwar nicht Eigentum erwerben, den Besitz aber behalten dürfen sollen. Das hat die Politik bereits zu einigem Aktionismus geführt, und würde ein Sondergesetz für diese Fälle erlassen, so wären Widersprüche zu allgemeinen Regeln und weitere dogmatische Verwirrung zu besorgen. Es empfiehlt sich also, das geltende Recht sorgsam auf Möglichkeiten sachgerechter Auslegung zu prüfen.

Dabei müssen wir die Frage der Rechtsnachfolge insoweit vorwegnehmen, als § 198 BGB die Anrechnung von Verjährungszeiten in der Person des Rechtsvorgängers zugunsten des Rechtsnachfolgers anordnet[4] – in struktureller Parallele zu § 943 BGB (hier zeigt sich die alte Verbindung beider Institute), aber selbstverständlich ohne das Erfordernis guten Glaubens, weil es ja nicht um Erwerb geht. Der Begriff „Rechtsnachfolger" ist bekanntlich angreifbar, weil der Besitz kein Recht ist; gemeint ist Besitznachfolge mit dem Willen des ersten Besitzers. Die Anrechnungsmöglichkeit des § 943 BGB kam Cornelius Gurlitt jedenfalls deshalb nicht zugute, weil sein Vater bösgläubig gewesen war; nach § 198 BGB hingegen verloren Ansprüche auf Herausgabe von Bildern, die in den 1930er Jahren ent-

4 Zu fragen bleibt selbstverständlich, wie das Besitzkontinuum zu bestimmen ist; dazu der Beitrag von Herrn Kollegen *Weller* in der Diskussion.

zogen worden und in den Besitz des Vaters gekommen waren, in den 1960er Jahren ihre Durchsetzbarkeit auch gegen den Sohn.

An den Tatbestandsmerkmalen des § 197 Abs. 1 Nr. 2 und der §§ 199 f. BGB ist nicht vorbeizukommen: Der Anspruch verjährt kenntnisunabhängig in 30 Jahren ab Entstehung, und entstanden war er mit dem Auseinanderfallen von Eigentum und Besitz. Eine Korrektur muss also anderweitig gesucht werden.

Dabei ist ein Rückgriff auf § 242 BGB allenfalls das letzte Mittel: Eine Norm, deren „Karriere“ über das Schuldrecht hinaus sich im Wesentlichen nationalsozialistischem Rechtsdenken mit seiner Abwertung von Dogmatik, Rechtssicherheit und Rechtsstaatlichkeit verdankt, sollte gerade in diesem historisch sensiblen Zusammenhang nicht die Rettung sein. Vielmehr ist zu fragen, was die sachnahen Vorschriften selbst im Wege der Analogie hergeben.

Hier ist zunächst an eine abweichende Bestimmung des Verjährungsbeginns nach § 201 BGB analog zu denken, nämlich für den Fall, dass eine Titulierung arglistig verhindert wurde. Ob diese Erwägung trägt, können wir für den Fall „Gurlitt“ jedoch dahinstehen lassen, weil das schlichte Verstecken eines Objekts für ein arglistiges Verhindern der Titulierung nicht genügen wird.

3. Insbesondere: Hemmung nach § 206 BGB (analog)?

Näher betrachten müssen wir § 206 BGB, auch wenn diese Vorschrift dem Gläubiger maximal sechs Monate bringt. Diese Hemmungsnorm wird freilich nur selten direkt anwendbar sein. Höhere Gewalt iSd § 206 BGB ist dann anzunehmen, wenn der Anspruch überhaupt nicht verfolgt werden konnte. Es kommt darauf an, dass die Unkenntnis von der Durchsetzungsmöglichkeit „selbst bei aller vernünftigerweise zumutbaren Sorgfalt nicht zu vermeiden“ war.

Das betrifft anerkanntermaßen etwa den Stillstand der Rechtspflege sowie – dies ist streitig – den Fall, dass eine „anspruchsfeindliche ständige Rechtsprechung“ besteht. Beides ist seit 1945 nicht mehr der Fall.

Differenziert wird bei den Fällen, in denen der Schuldner den Gläubiger von der Sinnlosigkeit der Rechtsverfolgung überzeugt: Geschieht dies durch (unzutreffende) rechtliche Argumente, so greift § 206 BGB nicht ein, weil der Gläubiger selbst hätte die Rechtslage einschätzen müssen;

anders, wenn der Gläubiger ohne eigene Fahrlässigkeit von einer unzutreffenden Sachlage überzeugt wird.[5] Diese Lehre findet sich für Kommunikationsvorgänge zwischen Gläubiger und Schuldner. Lässt ihre Logik sich auch auf schlichtes Schweigen und Sichverstecken des Schuldners übertragen (so wie im alltäglichen Normalfall etwa des Diebstahls)? Schwierig wird dann die Abgrenzung zur schlichten Unkenntnis des Gläubigers vom Anspruch, die in §§ 199 f. BGB abschließend geregelt ist. Der aktiv falsch kommunizierende Schuldner hingegen setzt ein zusätzliches Risiko für den Gläubiger, das man durch die genannte Auslegung des § 206 BGB auffangen mag – wenn das denn noch Auslegung ist und nicht schon Analogie.

Gegen direkte Anwendung spricht, dass der Schuldner, der unvermeidbare Sachverhaltsirrtümer beim Gläubiger induziert, höhere Gewalt nicht setzt, sondern allenfalls ausnutzt. So ist zu fragen, ob das Gesetz eine Lücke aufweist. Besteht hier also lediglich die vom Gesetz bereits anderweitig erfasste nicht vorwerfbare Unkenntnis des Gläubigers vom Bestehen des Anspruchs oder aber eine Lage, die höherer Gewalt vergleichbar ist?

In casu kommt zweierlei zusammen. Erstens stellte der Grund der allgemeinen Unsicherheit über die Fortexistenz der Kunstwerke und damit über das Bestehen des Anspruchs selbst höhere Gewalt dar: die Kriegsschäden, namentlich die Bombardierung Dresdens im Februar 1945, wo Gurlitt senior eine Wohnung gehabt hatte. Eine Überprüfung von Verlustangaben aus diesem Ereignis ist so gut wie unmöglich, solange angeblich verlorene Objekte nicht wieder auftauchen. Zweitens und vor allem liegen nach Presseberichten Aussagen aus der Familie Gurlitt vor, denen zufolge bei dieser Bombardierung alles verbrannt sei.

Diese Aussagen richteten sich zwar nicht primär und nicht individuell an potentiell Anspruchsberechtigte. Sie waren aber jedenfalls objektiv geeignet, jedem potentiellen Anspruchsberechtigten die Sinnlosigkeit einer Klage vor Augen zu führen, und zwar in einer Situation, in der Überprüfung dauerhaft unmöglich war. Denn eine Hausdurchsuchung auf den bloßen Verdacht hin, die Familie Gurlitt könne gelogen haben, wäre im Zweifel unzulässig gewesen, so dass ein Gläubiger auch nicht auf dieses einzige (und unsichere) Überprüfungsmittel hoffen konnte – selbst wenn er Indizien dafür hatte, dass ein bestimmtes Werk bis zum Februar 1945 bei Gurlitt senior gewesen war. Die potentiellen Vindikationsbeklagten aus

---

5 Staudinger/*Peters/Jacoby*, Neubearbeitung 2014, § 206 Rn. 12 b (offenbar für direkte Anwendung).

der Familie Gurlitt nutzten also ihren Wissensvorsprung vorsätzlich, um eine rechtliche Klärung zu paralysieren. Das muss bei einer interessengerechten Lösung berücksichtigt werden.

Bis der „Schwabinger Kunstfund“ bekannt wurde, hatten auch Fachkreise keine sicheren Anhaltspunkte dafür, welche Bilder noch existieren könnten. Der Umstand, dass Cornelius Gurlitt bisweilen einzelne Stücke über einen Mittelsmann veräußerte, ändert daran nichts, denn es fehlte für jeden, der den wahren Sachverhalt nicht kannte, an einer Beziehung zwischen dem jeweiligen Stück und Gurlitts Aussagen über die Kriegsverluste. Anders wäre auch dann nicht zu entscheiden, wenn solche Veräußerungen Bilder betroffen hätten, von denen bekannt war, dass die Familie Gurlitt im Besitz gerade dieses Werks gewesen war (hierzu fehlen mir sachverhaltlich hinreichende Kenntnisse). Denn indem Gurlitt senior die Kriegswirren in Bezug genommen hatte, hatte er auch die gedankliche Möglichkeit eines Verlustes durch Plünderung oder Ähnliches in den Raum gestellt. Der Satz „Meine Bilder sind in Dresden verbrannt“ heißt nicht notwendig „Ich weiß, dass meine Bilder in Dresden sämtlich verbrannt sind“. Missverständnisse, die aus solchen Aussagen resultieren, können die hier in Rede stehende Wertung nicht gegen den Gläubiger kehren.

Damit weist das Gesetz eine objektiv planwidrige Lücke auf (auf subjektive Vorstellungen des Gesetzgebers kommt es nicht an), es sei denn, man sieht den Sachverhalt angesichts seiner Nähe zur *actio doli* als bereits durch § 826 oder § 242 BGB geregelt an. Beides sind jedoch allenfalls Umwege: § 826 BGB ist selbst eine Auffangnorm und bereitet bekanntlich Schwierigkeiten vor allem bei der Vorsatzfeststellung; § 242 BGB könnte auch dann, wenn man keine grundsätzlichen Bedenken hätte, nur vergleichsweise unpräzise Wertungsmaßstäbe bieten. Die Analogie zu § 206 BGB erlaubt also eine vergleichsweise enge Orientierung am Sinn des Gesetzes.

Zu füllen ist die Lücke mit der Rechtsfolge des § 206 BGB: Nach Bekanntwerden des Fundes hatten die Gläubiger sechs Monate lang Zeit, gegen Cornelius Gurlitt oder einen Besitznachfolger aus § 985 BGB vorzugehen – oder gegen Dritte 30 Jahre ab der Begründung neuen, nicht abgeleiteten Besitzes. Die Frage, ob auch ein späterer Zeitpunkt in Betracht kommt, stellen wir kurz zurück.

4. Insbesondere: Besitz der Staatsanwaltschaft

Das leitet zu der Frage über, wie die Staatsanwaltschaft besaß. Sie war jedenfalls nicht „Rechtsnachfolgerin" im genannten Sinne, denn sie übte die Sachherrschaft nicht aufgrund des Willens von Cornelius Gurlitt aus, sondern kraft hoheitlicher Eingriffsbefugnis. So bestehen zwei Möglichkeiten, zwischen denen man sich unter dem Aspekt entscheiden muss, was die Staatsanwaltschaft wollte. Dafür kann die strafprozessuale Lage zumindest Indizien geben; zu dieser verweise ich auf den Vortrag von Herrn Kollegen Haas.

- Entweder die Staatsanwaltschaft besaß zumindest auch für Cornelius Gurlitt. Dann kommt auch iSd § 985 BGB eine fortbestehende Besitzposition in dessen Person in Betracht, mit der Folge, dass auch § 206 BGB allenfalls zu einer Hemmung der Verjährung um sechs Monate führen konnte. Denn nach mittlerweile nahezu unstreitiger Ansicht ist der mittelbare Besitzer tauglicher Anspruchsgegner in der Vindikation. Die weitere Frage ist dann, ob diese sechs Monate ab Bekanntwerden des Fundes oder ab Ende der Beschlagnahme zu rechnen sind (unten 5.).
- Oder die Staatsanwaltschaft besaß nur für sich oder für Dritte, nicht aber für Cornelius Gurlitt. Dann endete mit der Beschlagnahme nach allgemeinen zivilrechtlichen Regeln sein Besitz, und mit der Rückgabe der Bilder kam es zu erneuter Besitzbegründung in seiner Person. Damit aber hätte eine neue Verjährungsfrist begonnen (unten 6.).

Dies ist ein ausgesprochen schwieriges Feld. Die Dogmatik zum Besitzmittlungsverhältnis ist verworren. Die herrschende Ansicht sieht den mittelbaren Besitz als faktische Sachherrschaft an, die kein rechtlich wirksames Besitzmittlungsverhältnis, wohl aber einen Herausgabeanspruch des mittelbaren Besitzers und einen Besitzmittlungswillen, also Anerkennung, seitens des Besitzmittlers verlange. Beide Punkte bereiten Probleme, die ich hier nur erwähnen kann:

- Was den Herausgabeanspruch angeht, kommt es nicht auf die bekanntlich umstrittene und für § 931 BGB relevante Frage an, ob auch der Vindikationsanspruch genüge oder ob der Herausgabeanspruch aus einer anderen Norm folgen müsse. Denn um einen Eigentumserwerb in der Person von Cornelius Gurlitt geht es gerade erst. Schwierigkeiten bereitet aber die Frage, ob wir es *in casu* mit einem bedingten Herausgabeanspruch zu tun haben (was genügen würde).

- Beim Besitzmittlungswillen kommt es nach richtiger Ansicht auf das nach außen Erklärte an; was aber erklärt in einem Fall wie diesem die Staatsanwaltschaft?

Man wird sagen können: Cornelius Gurlitt blieb mittelbarer Besitzer, falls die Staatsanwaltschaft nicht auschließlich für sich besitzen wollte (weil es ihr nur um die Durchführung des Verfahrens ging), sondern auch für denjenigen, an den herauszugeben sein würde. Ob diese Person bereits individuell bekannt sein muss, wird kaum erörtert. Kaum praktikabel erscheint die Vorstellung, die Staatsanwaltschaft wolle für alle potentiellen Rückgabeberechtigten zugleich besitzen – schon weil man dann in Kollision mit der zutreffenden Ansicht kommt, dass es keinen Nebenbesitz mehrerer mittelbarer Besitzer geben könne. Unterstellt, man lässt es daher genügen, dass die Staatsanwaltschaft die Sache einer noch zu ermittelnden Person zurückgeben will, ist es konsequent, aber auch notwendig, rückwirkend zu konstruieren: Wenn am Ende – wie im Falle „Gurlitt“ – der frühere unmittelbare Besitzer bestimmte Objekte wieder erhält, dann hat die Staatsanwaltschaft diese Objekte für ihn besessen; also war er immer Besitzer; also ist der Anspruch verjährt, wenngleich mit der Modifikation des § 206 BGB. Anders verhält es sich, wenn die Objekte einem dritten Berechtigten restituiert oder eingezogen werden (unten 5.).

Eine solche rückwirkende Bestimmung ist nicht leicht handhabbar. Ihre Möglichkeit folgt aber aus dem Zusammenspiel von besitzrechtlicher und strafprozessualer Dogmatik. Das Bürgerliche Recht sollte prüfen, was es an der ihm zugeordneten Wurzel des Problems verbessern kann. Es wird aber immer von strafprozessualen Vorgaben abhängig bleiben, jedenfalls solange Staatsanwälte in Übereinstimmung mit der StPO wollen und handeln.

Die aus zivilistischer Sicht praktisch attraktivste und dogmatisch einfachste Lösung lautet: Die Staatsanwaltschaft wollte nur für sich selbst besitzen, nämlich um das Verfahren durchzuführen, unabhängig vom möglichen Ausgang. Damit ging jeder Besitz von Cornelius Gurlitt unter, und zwar unabhängig von der Rechtmäßigkeit oder Rechtswidrigkeit der Beschlagnahme. In der Konsequenz beginnt nach Rückgabe die Vindikation neu (unten 6.).

5. Rechtsfolge (I)

In der Rechtsfolge der ersten Lösungsvariante mag man dann noch die weitere Konsequenz ziehen, dass die sechs Monate erst dann beginnen, wenn der Gläubiger weiß, dass die Staatsanwaltschaft für den besessen hat, bei dem die Objekte beschlagnahmt worden waren. Jenseits der so zu kalkulierenden Frist ist aber nichts mehr zu korrigieren.

6. Rechtsfolge (II)

Ist hingegen die Staatsanwaltschaft nach der zweiten Variante Besitzerin nur für sich selbst gewesen, so beginnt die Frist neu. Gleiches gilt auch in der ersten Variante, wenn die Sache einer anderen Person als dem früheren unmittelbaren Besitzer zurückgegeben wird. Die von Herrn Kollegen Haas vorgeschlagene strafprozessuale Sicht löst also das Verjährungsproblem. Es verbleibt ein Schönheitsfehler: Der Rechtsschutz der Geschädigten hängt von dem für sie zufälligen Umstand ab, ob eine Beschlagnahme erfolgt. Dies aber ist Konsequenz der faktischen Konstruktion des Besitzes; und dabei wird es mit Sicherheit bleiben.

Die internationalprivatrechtliche Dimension des Falles „Gurlitt“

Erik Jayme[*]

I. Einführung[1]

Zunächst seien einige Fakten des Falles „Gurlitt“ festgehalten, welche für die grenzüberschreitende Dimension der auftretenden Rechtsfragen bedeutsam sind.[2] Cornelius Gurlitt starb am 6. Mai 2014 in München; er wurde in Düsseldorf im Grab seiner Eltern beigesetzt.[3] Im Zeitpunkt seines Todes war Cornelius Gurlitt Doppelstaater; er besaß nämlich die deutsche und die österreichische Staatsangehörigkeit. Es stellt sich die Frage, wo sein gewöhnlicher Aufenthalt lag. Cornelius Gurlitt besaß ein Haus in Salzburg, lebte aber auch in seiner Münchner Wohnung. Sein gewöhnli-

---

* Prof. Dr. Dr. h.c. mult. Erik Jayme, Institut für ausländisches und internationales Privat- und Wirtschaftsrecht der Universität Heidelberg, IFKUR-Beirat, Mitglied der philosophisch-historischen Klasse der Heidelberger Akademie der Wissenschaften.

1 Der Autor dankt seinem Assistenten, Herrn Sebastian Seeger für vielfältige Hilfen bei der Abfassung dieses Referates. Siehe auch *Erik Jayme/Sebastian Seeger*, Internationales Kunstrecht – Tagung in Basel, IPRax 2014, S. 458; *Sebastian Seeger*, Restitution of Nazi-Looted Art in International Law: Some Thoughts on Marei v. Saher v. Norton Simon Museum of Art at Pasadena, Rivista di diritto internazionale privato e processuale 2015 Heft 1 (im Erscheinen begriffen).

2 Zur jüngsten Entwicklung des Falles siehe *Claudia Schoch*, Ein Entscheid, der Maßstäbe setzt – Das Kunstmuseum Bern steht vor dem Beschluss zum Gurlitt-Erbe – eine Annahme ist im Interesse aller, Neue Zürcher Zeitung, Internationale Ausgabe, 1. November 2014, S. 26; siehe auch „Deutsches Erbgut“ – Spiegel-Gespräch mit Monika Grütters und Ronald Lauder, Der Spiegel Nr. 45/ 3. November 2014, S. 112 ff.; *Karin Trutscheit*, Raus aus der Schmuddelecke – Die Familie Gurlitt wehrt sich gegen Unterstellungen, FAZ 13. November 2014, S. 13; Sammlung Gurlitt – Und noch ein geraubtes Bild, Der Spiegel 1/2015, S. 110.

3 Cornelius Gurlitt war der Sohn des Kunsthändlers Hildebrand Gurlitt. Der Cousin seines Vaters war Wolfgang Gurlitt, ebenfalls ein Kunsthändler, siehe hierzu *Walter Schuster*, Facetten des NS-„Kunsthandels“ am Beispiel Wolfgang Gurlitt, in: Gabriele Anders/Alexandra Caruso (Hrsg.), NS-Kunstraub in Österreich und die Folgen, Innsbruck 2005, S. 212 ff.; siehe auch *Angelika Enderlein*, Der Berliner Kunsthandel in der Weimarer Republik und im NS-Staat, Berlin 2006, S. 74 Fn. 335, S. 195 Fn. 259.

cher Aufenthalt dürfte am Ende seines Lebens eher in Deutschland gelegen haben. Das dürfte sowohl für den Tag seines Todes als auch für die Zeitpunkte der Errichtung seiner Testamente zutreffen. Seine Kunstsammlung hatte – territorial gesehen – zwei Teile. Ein Teil befindet sich zurzeit in München und zwar immer noch in staatlichem Gewahrsam gemäß einer Vereinbarung, die Cornelius Gurlitt nach der Aufhebung der Beschlagnahme durch die Strafbehörden mit dem bayerischen Justizministerium und der Bundesregierung getroffen hatte.[4] Der zweite Teil der Sammlung ist in Österreich an einem unbekannten Ort eingelagert.[5] Zum Nachlass gehören außer dem offenbar beträchtlichen Barvermögen auch Immobilien, mindestens solche, die in Österreich belegen sind.

Am 5. März 2014 wurde bekannt, dass das Amtsgericht München mit dem Einverständnis des Betroffenen die Betreuung angeordnet hatte.[6] Cornelius Gurlitt errichtete zwei notariell beglaubigte Testamente.[7] In dem ersten Testament vom 9. Januar 2014 setzte er die Stiftung Kunstmuseum Bern zum Alleinerben ein. In dem zweiten Testament vom 21. Februar 2014 soll er angeblich einem Verwandten einen höheren Betrag vermacht haben. Die Ausschlagungsfrist für das Berner Museum begann gemäß § 1934 Abs. 2 S. 2 BGB „nicht vor der Bekanntgabe der Verfügung von Todes wegen durch das Nachlassgericht". Wann genau dies der Fall war, ließ sich nicht erfahren. Gemäß Abs. 3 der Vorschrift beträgt die Ausschlagungsfrist sechs Monate, wenn der Erblasser seinen letzten Wohnsitz im Ausland gehabt hat oder wenn sich – wie hier – der Erbe bei dem Be-

4 Siehe hierzu *Sophie-Charlotte Lenski*, Vergangenheitsbewältigung durch Vertrag – die Verfahrensvereinbarung im Fall Gurlitt, JZ 2014, S. 888 ff.

5 Die in Österreich lagernden Bilder wurden mittlerweile ins Netz gestellt, siehe den Bericht von *Julia Voss*, Wir freuen uns über eine Kontaktaufnahme, FAZ 29. November 2014, S. 15 (mit fünf Abbildungen) sowie das am gleichen Ort veröffentlichte Interview mit dem Provenienzforscher Willi Korte.

6 Vorausgegangen war eine „vorläufige Betreuung".

7 Siehe hierzu den Bericht „Zweifel am Testament von Cornelius Gurlitt, Süddeutsche Zeitung, 17. November 2014, S. 1; *Jörg Häntzschel/Catrin Lorch*, Durch Paranoia deformiert, a.gl. O., S. 11; Bericht „Streit um Testament – Gurlitts Cousin distanziert sich vom Gutachten", Rhein-Neckar-Zeitung 19. November 2014, S. 13; *Stefan Koldehoff*, Leichtgradig kompliziert – Was wollen Gurlitts Erben – und wer sind sie?, FAZ 28. November 2014, S. 12; *Jörg Häntzschel/Catrin Lorch/Ira Mazzoni*, Schweres Erbe – Die Verhandlungen um die Zukunft des „Schwabinger Kunstschatzes" gehen zu Ende. Bleibt Gurlitts letzter Wille gültig?, Süddeutsche Zeitung, 22./23. November 2014, S. 17; Bericht „Reaktion aus München: Gurlitts Cousine bekräftigt ihren Anspruch auf das Erbe", FAZ 25. November 2014, S. 9.

ginn der Frist im Ausland befindet. Auf jeden Fall ist die Ausschlagungsfrist zur Zeit Ende Oktober 2014 noch nicht abgelaufen.[8] Wie man jetzt weiß, hat die Stiftung Kunstmuseum Bern das Erbe nicht ausgeschlagen und ist daher Erbe geworden.

Nachdem der Inhalt des ersten Testaments bekannt geworden war, hatte das bayerische Kunstministerium angekündigt, die „Gurlitt"-Sammlung auf ihre Bedeutung für das deutsche nationale Kulturgut zu prüfen. Nach dem Gesetz zum Schutz deutschen Kulturgutes gegen Abwanderung[9] könnte also eventuell eine Eintragung in das Verzeichnis national wertvollen Kulturgutes erfolgen.[10] Die Vorschrift des § 4 Abs. 1 dieses Gesetzes lautet: „Ist die Eintragung eines Kulturgutes eingeleitet, so ist seine Ausfuhr untersagt, bis die Entscheidung über die Eintragung unanfechtbar geworden ist." Diese gesetzlich angeordnete – vorläufige – Versagung der Ausfuhr kann in doppelter Weise bedeutsam werden, nämlich zum einen im Hinblick auf die Verbringung des deutschen Teils der Sammlung in die Schweiz, zum anderen im Zusammenhang mit einer Restitution von Raubgut aus der Münchner Sammlung an Personen, die sich im Ausland befinden.

Schließlich hat der Fall „Gurlitt" auch nach dem Tode seines Protagonisten zu vielen weiteren Detailproblemen geführt, die im Folgenden allenfalls gestreift werden können.[11]

---

8 Am Montag, den 24. November 2014, hat das Kunstmuseum Bern in Berlin erklärt, dass es das Erbe „annehme", siehe hierzu *Jörg Häntzschel*, Fall Gurlitt – Der Schabinger Kunstschatz geht in die Schweiz, Süddeutsche Zeitung 25. November 2014, S. 11; *Julia Voss/Niklas Maak*, Ohne Wenn und Aber: Bern nimmt Erbe an, FAZ 25. November 2014, S. 9, dort jeweils auch zu dem Erbscheinsverfahren, das eine Cousine von Cornelius Gurlitt angestrengt hat: „Alle Kosten, die dem Schweizer Museum beim Rechtsstreit mit den übergangenen deutschen Erben entstehen, übernimmt die Bundesrepublik" (Häntzschel, a.a.O.). Siehe auch *Jürg Altwegg*, Schöne Bescherung für Sieger und Besiegte – Helvetische Doppelmoral: Die Schweiz feiert das Gurlitt-Erbe und lobt die deutsche Raubkunstregelung, welche sie im eigenen Land zu verhindern wusste, FAZ 5. Dezember 2014, S. 12.

9 Gesetz vom 8. Juli 1999, BGBl. 1999 I, S. 1754, zuletzt geändert durch Art. 2 des Gesetzes vom 18. Mai 2007, BGBl. 2007 I, S. 757.

10 Interessant in anderem Zusammenhang: Nach Auffassung von Hannelore Kraft, der Ministerpräsidentin von Nordrhein-Westfalen, gehören zwei Bilder von Andy Warhol nicht zum deutschen Kulturgut, FAZ 20. Oktober 2014, S. 11.

11 Siehe *Jürg Altwegg*; Hodler im Keller – Gurlitt und die Folgen: Jetzt muss sich auch ein Museum in St. Gallen der Debatte um NS-Raubkunst stellen, FAZ 18. Dezember 2014, S. 13.

II. Die kollisionsrechtlichen Fragen

Die kollisionsrechtlichen Fragen, die der Fall „Gurlitt“ aufwirft, lassen sich vor dem geschilderten faktischen Hintergrund in zwei Gruppen einordnen. Die erste betrifft die Restitution von Kunstwerken aus seiner Sammlung an im Ausland lebende Erben jüdischer Sammler, die in der Nazizeit enteignet wurden, die zweite das Internationale Erbrecht, wobei hier die Schwierigkeiten kaum die Erbfolge, sondern eher den Erbgang und die Nachlassabwicklung betreffen. Zum Verweisungsrecht tritt also das Internationale Verfahrensrecht. Es gibt aber auch Problemkreise, die beiden Gruppen zuzuordnen sind, wie die Kollision zwischen dem möglichen Ausfuhrverbot einerseits und den Washington Principles von 1998 „on Nazi-Confiscated Art“ [12], ein Problemfeld, das indirekt auch die Verbringung der Sammlung in die Schweiz betrifft.

1. Grenzüberschreitende Restitution

Zunächst ist festzuhalten, dass bisher kein einziges Kunstwerk aus der Sammlung an einen Anspruchsteller restituiert wurde. Die „Task Force“ hat zwar empfohlen, das Bild „Zwei Reiter am Strand“ von Max Liebermann an den in New York lebenden David Thoren zurückzugeben. Ob die Restitution aber tatsächlich erfolgt ist, bleibt dunkel. David Thoren hat vor dem United States District Court for the District of Columbia gegen den Freistaat Bayern und die Bundesrepubik Deutschland auf Herausgabe des genannten Bildes geklagt. Es stellen sich in diesem Prozess zunächst die – aus anderen Verfahren, wie Altmann v. Republic of Austria[13] – bekannten Probleme der Staatenimmunität[14] und der damit verbundenen Frage der „commercial activity“ des Staates, wozu etwa die Klageschrift auch das „bailment“, also die Verwahrung des Kunstwerks durch den Bayerischen

---

12 Text in IPRax 1999, S. 284 f.; siehe hierzu *Erik Jayme*, Die Washingtoner Erklärung zur Restitution von Kunstwerken an Holocaustopfer: Narrative Normen im Kunstrecht, in: Museen im Zwielicht – die eigene Geschichte, Magdeburg 2002, S. 247 ff. = ders., Internationales Privatrecht und Völkerrecht, Heidelberg 2003, S. 136 ff.

13 Siehe hierzu *Erik Jayme*, Human Rights and Restitution of Nazi-Confiscated Artworks from Public Museums. The Altmann Case as a Model for Uniform Rules, Uniform Law Review 2006-2, S. 393 ff.

14 Siehe den Foreign Sovereign Immunities Act (FSIA).

Staat zählt.[15] Sind die prozessualen Probleme überwunden, so müsste das Gericht wohl auf die „Washington Principles“ eingehen, deren Ziel die Erleichterung der Restitution ist.

2. Narrative Normen im Internationalen Kunstrecht

Die Washington Principles sind, wie es dort ausdrücklich heißt, „non binding“. Sie wenden sich vor allem an die deutschen Behörden, nicht direkt an Gerichte. Es stellt sich aber die Frage, ob sie darüber hinaus als „narrative Normen“ auch Gerichtsentscheidungen beeinflussen können bzw. welche Rolle sie im kollisionsrechtlichen Bereich übernehmen können.[16] Im Internationalen Privatrecht muss man zwei Phasen der Lösung unterscheiden. Die erste betrifft das Verweisungsrecht, d.h. die Ermittlung des anwendbaren Rechts durch Kollisionsnormen, welche mit Hilfe von Anknüpfungsmerkmalen eine Rechtsordnung als maßgeblich bezeichnen. In einem zweiten Schritt muss das so gefundene anwendbare Sachrecht an den internationalen Fall angepasst werden. Diese zweistufige Theorie des Internationalen Privatrechts setzt sich zurzeit an vielen Stellen des internationalen Rechtsgefüges durch.[17] In der zweiten Phase, der Anpassung der Sachnormen, spielen nun internationale Erklärungen, allgemeine Prinzipien, Texte noch nicht in Kraft getretener Staatsverträge und ähnliche Regelwerke eine besondere Rolle. Die jüngste Kodifikation des Internationalen Privatrechts, der Código de Derecho Internacional Privado von Panamá vom 8. Mai 2014[18] enthält im Allgemeinen Teil – ganz auf der Höhe

---

15 *Nicholas O'Donnell*, New York Man Sues Germany For Liebermann Found With Gurlitt, but Allegation Face Real FSIA and Pleading Challenges, The Art Law Report, March 6th, 2014: „The bailment theory is therefore essential to the jurisdictional theory, so if the bailment theory does not work, the court will not have jurisdiction to hear the other (wrongful possession) claims.“

16 Siehe *Erik Jayme*, Narrative Normen im Kunstrecht, Festschrift Rehbinder, München, Bern, 2002, S. 539 ff.

17 Siehe z.B. *Thomas Pfeiffer*, Datumtheorie und „local data“ in der Rom II-VO – am Beispiel von Straßenverkehrsunfällen, Festschrift Schurig, 2012, S. 229 ff.; *Marc-Philippe Weller*, Die neue Mobilitätsanknüpfung im Internationalen Familienrecht – Abfederung des Personalstatutenwechsels über die Datumtheorie, IPRax 2014, S. 225 ff.

18 Ley 7 de 8 de mayo de 2014 „Que adopta el Código de Derecho Internacional Privado de la República de Panamá, Sección 4.a – Principios Internationales Fundamentales, Artículo 8 : »Los principios fundamentales de la comunidad in-

der Zeit – nicht nur Regeln über die Qualifikation, die Rückverweisung und die Lösung der Vorfragen, sondern in Art. 8 auch eine Vorschrift, wonach als Teil des für den Richter anwendbaren Rechts auch „Los principios fundamentales de la comunidad internacional“ erscheinen, von denen einige aufgezählt werden. Dabei geht es vor allem um sachrechtliche Ziele, wie den Schutz der schwächeren Partei, des Kindes, des Verbrauchers etc.[19]

Zurück zum Internationalen Kunstrecht. Fragt man nun nach der Bedeutung solcher Wertträgernormen im Internationalen Kunstrecht, zeigt sich als gutes Beispiel eine jüngste US-amerikanische Entscheidung in der Sache „Marei von Saher v. Norton Simon Museum of Art at Pasadena“, entschieden am 6. Juni 2014 vom United States Court of Appeals, Ninth Circuit, der seinen Sitz in Kalifornien hat.[20] Die Klägerin, Erbin der jüdischen Familie Goudstikker, klagte gegen das Museum in Pasadena auf Herausgabe von zwei Bildern von Lucas Cranach dem Älteren. Die Bilder gelangten bei der Besetzung der Niederlande durch deutsche Truppen in deutsche Hände, wurden aber nach dem Krieg von niederländischen Behörden der Familie Stroganoff zugesprochen und endeten durch den Kunsthandel in dem weltberühmten Museum in Pasadena. Das Urteil enthält einen ganzen Abschnitt zur „Federal Policy“. Das Gericht führt aus:

„Federal Policy also includes the Washington Conference Principles on Nazi Confiscated Art [...]. Though not binding, the Principles reflect a consensus reached by the representatives of 13 nongovernmental organizations and 44 governments, including both the United States and the Netherlands,[...] to resolve issues related to Nazi-looted-art.“[21]

Das Gericht geht dann allerdings auf die Frage ein, ob die Klage nicht an der „Act of State doctrine“ scheitere, weil die Übergabe der Bilder an die Familie Stroganoff durch niederländische Behörden als „act of state“ eines ausländischen Landes durch ein amerikanisches Gericht zu beachten sei, weshalb der Fall zur näheren Klärung dieser Frage an das Instanzgericht zurückverweisen wurde.

---

ternacional son parte de la reglas de aplicación del juez, como el interés superior del nino y el interés superior del consumidor... ».

19 Dies kommt im kollisionsrechtlichen System von Albert A. Ehrenzweig den „equitable defences“ nahe, die als „moral data“ der lex fori unterstehen, siehe Albert A. Ehrenzweig, Specific Principles of Private Transnational Law, Recueil des Cours 1968-II, S. 165 ff., S. 192 ff.

20 Marei von Saher v. Norton Simon Museum of Art at Pasadena, 754 F.3d 712 (9th Cir. 2014); siehe hierzu *Sebastian Seeger*, oben Note 1.

21 Vorige Note, 721.

Für unseren Zusammenhang ist es wichtig zu sehen, dass die Washington Principles hier als Leitregeln für die Gerichte angesehen wurden. Eine Bestätigung dieser Überlegung, dass die Washington Principles nicht nur Behörden betreffen, sondern auch in das Privatrecht hineinwirken, lässt sich daraus ersehen, dass die Verfahrensvereinbarung, die Cornelius Gurlitt mit dem Bayerischen Justizministerium und der Bundesrepublik Deutschland schloss, die Verpflichtung des Sammlers enthält, die Washingtoner Prinzipien zu beachten, um die Restitution zu ermöglichen.[22] Hier zeigt sich ganz allgemein der narrative Effekt dieser Grundsätze.

Eine Schützenhilfe für diese Auffassung ergibt sich schließlich aus dem Völkerrecht, das Herausgabeansprüche bezüglich der geraubten Kunstschätze aus Sammlungen jüdischer Familien vorsieht.[23] Solche Ansprüche richten sich zwar gegen Staaten, nicht gegen Privatpersonen; sie werten aber die Washington Principles auf.[24]

3. Kollision zwischen Ausfuhrverbot und Restitution ins Ausland

Im Fall „Gurlitt“ kann sich nun eine Kollision zwischen dem Restitutionsgebot der Washington Principles und der möglichen Ausfuhrsperre des deutschen Rechts ergeben, falls das Verfahren einer Registrierung der Sammlung als deutsches nationales Kulturgut eingeleitet wurde.

Nach meiner Auffassung würde ein solches Verfahren einer zweiten Enteignung gleichkommen. Es erinnert dies an manche dunklen Seiten der früheren österreichischen Praxis, welche die Restitution durch Ausfuhrsperren begrenzte. Es sollte sich bei einer Kollision zwischen der Befolgung der Washington Principles und den Regeln über den Schutz deutschen Kulturgutes gegen Abwanderung die Restitution durchsetzen.

Das Bundesverwaltungsgericht ist hier anderer Auffassung.[25] Allerdings war der Fall insoweit anders gelagert, als die Eigentümer bereits bekannt waren und die Restitution erfolgt war. Nach der Auffassung des Ge-

---

22 Siehe *Lenski*, oben Note 4.

23 Näher ausgeführt bei *Matthias Friehe*, Völkerrechtliche Haftung im Kulturgüterschutzrecht – Zugleich ein Beitrag zur Raub- und Beutekunstproblematik, Frankfurt am Main 2013, S. 88. Es geht dabei um Verpflichtungen der Staaten, also z.B. Deutschlands, gegenüber Israel oder der Jewish Claims Conference.

24 Siehe *Friehe*, vorige Note.

25 BVerwG, 24. November 2011, NJW 2012, S. 792.

richts findet das Kulturgutschutzgesetz „auch auf solche Vermögensgegenstände Anwendung, die ihren jüdischen Eigentümern in der Zeit vom 30. Januar 1933 bis zum 8. Mai 1945 durch nationalsozialistische Unrechtsmaßnahmen entzogen und nach der Wiedervereinigung gemäß § 1 Abs. 6 VermG restituiert worden sind". Der Eigentümer könne – so das Gericht – über das Kulturgut – wenngleich mit gewissen Einschränkungen – grundsätzlich verfügen. Daran ändere sich auch nichts durch den Einwand der Kläger, die Betroffenen seien oftmals im Ausland wohnhaft und könnten die zurückgegebenen Vermögensgegenstände nicht in Besitz nehmen.

Das Bundesverwaltungsgericht degradiert hier die Kulturgüter zu bloßen Waren, deren Verkäuflichkeit ganz in den Vordergrund gerückt wird. Das Interesse der Opfer jüdischer Sammler, die einst ihrer Familie gehörenden Werke in ihrem Besitz zu haben, wird negiert. Die Washington Principles werden in ihrem Aussagewert verkürzt. Ihr Anliegen sei „die Identifizierung beschlagnahmter und nicht zurückerstatteter Kunstwerke".[26] Die Restitutionsfreundlichkeit, die dem ganzen Regelwerk zugrunde liegt, wird nicht gesehen.

Zurück zum „Gurlitt"-Fall. Schwierig wird es insbesondere, wenn es um die Ausfuhr der Sammlung in die Schweiz gehen sollte, d.h. wenn das Kunstmuseum in Bern die Ausschlagungsfrist verstreichen ließe, ohne sich weiter zu erklären. Die Oberste Landesbehörde müsste vor ihrer Entscheidung über die Registrierung der „Gurlitt"-Sammlung als national wertvollem deutschen Kulturguts einen Sachverständigenausschuss hören, der aus fünf Mitglieder besteht (§ 2 des Gesetzes zum Schutz deutschen Kulturguts gegen Abwanderung).

„Einer von ihnen ist auf Vorschlag des Beauftragten der Bundesregierung für Angelegenheiten der Kultur und der Medien zu berufen. Bei der Berufung der Sachverständigen sind die Kreise der Fachleute aus den öffentlichen Verwaltungen, der Hochschullehrer, der privaten Sammler, des Kunsthandels und Antiquariates zu berücksichtigen."

---

26 Ähnliche Überlegungen in anderem Zusammenhang bei Oberverwaltungsgericht des Landes Sachsen-Anhalt, 23. Oktober 2013, Kunst und Recht 2014, S. 22: Anspruch auf Löschung der Eintragung in die Lost Art Datenbank nach Auffindung des Werkes bejaht; die Suchliste habe nicht den Zweck, Ansprüche verschiedener Erbprätendenten zu sichern.

Im Übrigen lässt sich gerade für den „Gurlitt-Fall“ feststellen: Behörden haben Zeit, Opfer warten über Jahre hin vergeblich. Im Fall der „Bibliothek Peters“ dauerte allein das Eintragsverfahren sieben Jahre[27].

Ein nationales öffentliches Interesse dahin gehend, dass die Sammlung „Gurlitt“ in Deutschland verbleibt, vermag man allerdings nicht zu erkennen, zumal die Sammlung seit mehreren Jahren unter Verschluss gehalten wird und öffentlich nicht zugänglich ist.

Schließlich gelten für die in Österreich belegenen Kunstwerke eigene Verfahren und Grundsätze.[28]

III. Das Internationale Erbrecht insbesondere

1. Keine Anwendung der EuErbVO

Nunmehr wenden wir uns den Fragen des Internationalen Erbrechts zu. Zunächst ist festzuhalten, dass die Europäische Erbrechtsverordnung (Nr. 650/2012/EU) mit ihren 84 Artikeln und 83 Erwägungsgründen nicht für den Fall „Gurlitt“ herangezogen werden kann. Gemäß Art. 83 Abs. 1 findet diese Verordnung nämlich nur auf die Rechtsnachfolge von Personen Anwendung, die am 17. August 2015 oder danach verstorben sind. Es ist also auf die kollisionsrechtlichen Bestimmungen der nationalen Rechtsordnungen zurückzugreifen.

2. Doppelstaater

Legt man das deutsche Internationale Privatrecht zugrunde, so unterliegt die „Rechtsnachfolge von Todes wegen […] dem Recht des Staates, dem der Erblasser im Zeitpunkt seines Todes angehörte“ (Art. 25 Abs. 1 EGBGB). Für die materielle Gültigkeit des Testaments verschiebt sich der Zeitpunkt auf den Tag, an dem die Verfügung von Todes wegen errichtet wurde (sogenanntes Errichtungsstatut). Maßgebend ist insoweit das Recht, „das im Zeitpunkt der Verfügung auf die Rechtsnachfolge von Todes we-

27 BVerwG, 24. November 2011, oben Note 25.

28 Siehe neuestens *Michael Huber*, Beethovenfries-Restitution: Entscheidung am 4. Dezember – Kunstrückgabe. Der Beirat will über Klimts Meisterwerk entscheiden. *Linz* restituiert indessen Noldes „Maiwiese“, Kurier, 22. November 2014, S. 27.

gen anzuwenden wäre" (Art. 26 Abs. 1 S. 1 EGBGB). Anknüpfungsmerkmal ist jeweils die Staatsangehörigkeit des Erblassers.

Cornelius Gurlitt besaß die deutsche und die österreichische Staatsangehörigkeit. Er war also Doppelstaater mit der Besonderheit, dass er zwei Mitgliedstaaten der Europäischen Union angehörte. Hierzu bestimmt Art. 5 Abs. 1 S. 2 EGBGB: „Ist die Person auch Deutscher, so geht diese Rechtsstellung vor." Gegen diese Vorschrift erheben sich Bedenken aus dem Verbot einer Diskriminierung aus Gründen der Staatsangehörigkeit, wie es das Europäische Recht in Art. 18 AEUV vorsieht, weil der Erblasser zugleich die Staatsangehörigkeit eines weiteren EU-Mitgliedsstaates besaß. Allerdings lag hier der gewöhnliche Aufenthalt des Erblassers zum Zeitpunkt des Todes und auch der Errichtung der Testamente in Deutschland, sodass die deutsche Staatsangehörigkeit zugleich auch die „effektive" Staatsangehörigkeit war. Sie ist aus deutscher Sicht daher allein maßgebend.

Was die Testierfähigkeit von Cornelius Gurlitt angeht, so unterliegt diese nach deutschem Internationalem Privatrecht dem hypothetischen Erbstatut (Art. 26 Abs. 5 S. 1 iVm Art. 25 Abs. 1, Art. 26 Abs. 5 S. 2 EGBGB)[29] und somit dem deutschen Recht. Anwendbar ist insoweit also § 2229 Abs. 4 BGB.[30]

3. Österreichisches Recht

Was das österreichische Internationale Privatrecht angeht, so kennt es in § 9 Abs. 1 S. 2 IPR-G eine ähnliche Bestimmung: „Hat eine Person neben der fremden Staatsangehörigkeit auch die österreichische Staatsangehörigkeit, so ist diese maßgebend." Für die Rechtsnachfolge von Todeswegen bestimmt § 28 östIPR-G, dass sie nach dem Personalstatut des Erblassers im Zeitpunkt seines Todes zu beurteilen ist. Anwendbar ist also das österreichische Erbrecht. Damit entfällt die Bedeutung der sonst so wichtigen Vorschrift des § 28 Abs. 2 östIPR-G, der besagt: „Wird eine Verlas-

---

29 Die Frage ist umstritten; nach anderer Auffassung ist hier Art. 7 EGBGB maßgebend.

30 § 2229 Abs. 4 BGB lautet: „Wer wegen krankhafter Störung der Geistestätigkeit, wegen Geistesschwäche oder wegen Bewusstseinsstörung nicht in der Lage ist, die Bedeutung einer von ihm abgegebenen Willenserklärung einzusehen und nach dieser Einsicht zu handeln, kann ein Testament nicht errichten." Lagen diese Voraussetzungen vor, so waren die beiden Testamente nichtig.

senschaftsabhandlung in Österreich durchgeführt, so sind der Erbschaftserwerb und die Haftung für Nachlassschulden nach österreichischem Recht zu beurteilen.“ Es gilt ein Gesamtstatut für die Erbfolge und den Erbgang.

Was die Verlassenschaftsabhandlung für Österreicher angeht, so stellt sich die Frage, ob diese auch das in Deutschland befindliche Vermögen umfasst.[31] Hierzu bestimmt § 106 der Jurisdiktionsnorm in Abs. 1 Nr. 3: „Die inländische Gerichtsbarkeit für die Abhandlung einer Verlassenschaft [...] ist gegeben (...) über das im Ausland gelegene bewegliche Vermögen, wenn der Verstorbene zuletzt österreichischer Staatsbürger war und a) seinen gewöhnlichen Aufenthalt im Inland hatte oder b) die Durchsetzung aus dem Erbrecht, Pflichtteilsrecht oder einer letztwilligen Erklärung abgeleiteter Rechte im Ausland unmöglich ist.“

Im vorliegenden Fall hatte aber der Erblasser seinen gewöhnlichen Aufenthalt zuletzt nicht in Österreich, sodass bezüglich des in Deutschland belegenen Vermögens die österreichische Gerichtsbarkeit entfallen dürfte.

Was das in Österreich belegene Vermögen angeht, so verlangt das österreichische Recht eine Erbantrittserklärung des Erben und eine Einantwortung des Nachlasses. Erst letztere führt dazu, dass der Erbe den Nachlass erwirbt. Nach deutschem Erbrecht geht dagegen im Zeitpunkt des Todes das Vermögen als Ganzes auf die Erben über (§ 1922 BGB). Das ist im Übrigen auch die Lösung der Schweiz (Art. 560 ZGB).

4. Einzelstatut bricht Gesamtstatut?

Es stellt sich noch die Frage, ob für das in Österreich belegene Vermögen, also das Haus als Immobilie und die Teilsammlung als bewegliches Vermögen aus deutscher Sicht der Grundsatz „Einzelstatut bricht Gesamtstatut“ eingreift, der Gegenstand der Habilitationsschrift von Gerte Reichelt[32] war, die allerdings zu dem Ergebnis kam, dass im Zweifel das Gesamtstatut vorgehen müsse.

Die Kollisionsnorm des Art. 3 a Abs. 2 EGBGB bestimmt:

---

31 Siehe hierzu *Hans Hoyer*, Nachlassverwalter durch Betreuer im deutsch-österreichischen Rechtsverkehr, IPRax 2010, S. 232 ff.

32 *Gerte Reichelt*, Gesamtstatut und Einzelstatut im IPR – Ein Beitrag zu den allgemeinen Lehren des Kollisionsrechts, Wien 1985.

„Soweit Verweisungen im Dritten und Vierten Abschnitt das Vermögen einer Person dem Recht eines Staates unterstellen, beziehen sie sich nicht auf Gegenstände, die sich nicht in diesem Staat befinden und nach dem Recht Staates, in dem sie sich befinden, besonderen Vorschriften unterliegen.“

Zunächst ist festzuhalten, dass nach der herrschenden Meinung, die offenbar auch die Billigung des Gesetzgebers gefunden hat, zu den „besonderen Vorschriften“ nicht nur Sachnormen gehören, sondern auch Kollisionsnormen zu rechnen sind. Es darf sich aber nicht um allgemeine Anknüpfungsnormen handeln, sondern um besondere Vorschriften für einzelne Gegenstände, also etwa für Immobilien.

In der Praxis der deutsch-österreichischen Fälle spielt eine besondere Rolle, dass das österreichische Internationale Privatrecht den Erwerb von Immobilien, die sich in Österreich befinden, der österreichischen lex rei sitae unterstellt. Die Vorschrift des Art. 32 östIPR-Gesetz regelt das Verhältnis der sachenrechtlichen Kollisionsregeln zu den anderen Verweisungsnormen, wie folgt:

„Für dingliche Rechte an einer unbeweglichen Sache ist der § 31 auch dann maßgebend, wenn diese Rechte in den Anwendungsbereich einer anderen Verweisungsnorm fallen.“

Die lex rei sitae ist also insofern als ein vom Personalstatut gesondertes „Erberwerbsstatut“ zu betrachten.[33]

Zurück zum „Gurlitt“-Fall. Da Cornelius Gurlitt aus der Sicht des österreichischen Internationalen Privatrechts nur als Österreicher angesehen wird, folgt die Anwendbarkeit des österreichischen Erbrechts aus österreichischer Sicht aus der Staatsangehörigkeit des Erblassers. Es handelt sich um ein Gesamtstatut; ein Einzelstatut kommt also nicht in Betracht, wie es der Fall wäre, wenn es sich aus österreichischer Sicht um einen deutschen Erblasser handeln würde. Damit entfällt aber auch die Anwendbarkeit des Art. 3 a Abs. 2 EGBGB. Das fremde Gesamtstatut wird, wenn nach deutscher Auffassung deutsches Recht maßgebend ist, nicht beachtet.

Das Ergebnis, nämlich die Anwendbarkeit deutschen Erbrechts aus deutscher Sicht und die Anwendbarkeit österreichischen Rechts aus österreichischer Sicht, dürfte allerdings kaum zu praktischen Divergenzen führen, immer vorausgesetzt, dass die Gültigkeit des Testaments nicht ange-

---

33 *Stephan Lorenz*, Erbstatut, Erbserwerbsstatut und Erbenhaftung im deutsch-österreichischen Verhältnis: „le mort saisit le vif“ contra „hereditas iacens“ und die Folgen, IPRax 2004, S. 536 ff.

fochten wird bzw. der Testamentserbe die Ausschlagungsfrist des deutschen Rechts verstreichen lässt, ohne das Erbe auszuschlagen. Allerdings ist zu beachten, dass für das in Österreich belegene Vermögen eine Verlassenschaftsabhandlung durchführt werden muss; erst die Einantwortung führt dazu, dass der Nachlass auf den Erben übergeht.

5. Ein Blick in die Schweiz

Cornelius Gurlitt hatte die Stiftung Kunstmuseum Bern als Erben eingesetzt. Es empfiehlt sich daher auch ein Blick in das schweizerische Internationale Privatrecht, vor allem Hinblick darauf, dass sich der Nachlass von der Schweiz aus gesehen in verschiedenen ausländischen Staaten befindet.

Nach Art. 91 Abs. 1 des schweizerischen Bundesgesetzes über das Internationale Privatrecht untersteht der Nachlass einer Person mit letztem Wohnsitz im Ausland dem Recht, auf welches das Kollisionsrecht des Wohnsitzstaates verweist.

Geht man davon aus, dass auch nach schweizerischer Auffassung der letzte Wohnsitz von Cornelius Gurlitt in Deutschland lag, so gilt aus schweizerischer Sicht für die Erbfolge und den Erbgang, d.h. den Erbschaftserwerb, deutsches Recht. Es stellt sich aber die Frage, ob dies auch für die Nachlassgegenstände gilt, die sich in Österreich befinden. Dies ist zu bejahen. Nur die Durchführung der Nachlassabwicklung unterliegt hinsichtlich der einzelnen Maßnahmen gemäß Art. 92 Abs. 2 S. 1 des schweizerischen IPR-Gesetzes dem Recht am Ort der zuständigen Behörde. Daraus lässt sich vielleicht eine gewisse Flexibilität im Hinblick auf die österreichische Verlassenschaftsabhandlung ersehen. Zwar ist nach schweizerischer Auffassung der Nachlass von Cornelius Gurlitt als Ganzes, also einschließlich der Gegenstände, die sich in Österreich befinden, gemäß dem nach schweizerischer Auffassung anwendbaren deutschen Recht mit seinem Tode auf die Stiftung Kunstmuseum Bern übergegangen. Die österreichische Verlassenschaftsabhandlung ist aber zu beachten.

IV. Schlussbetrachtung

Die vorstehenden Betrachtungen enthalten nur eine knappe Momentaufnahme der international-privatrechtlichen Dimension des „Gurlitt“-Falles.

Sie beruhen auf nicht gesicherten Fakten, die man aus der Presse entnehmen konnte, die sich aber einer gesicherten Feststellung durch bekannt gewordene Gerichtsentscheidungen bisher entzogen haben. Zum „Gurlitt"-Fall gehört ferner eine gewisse Dynamik; mit ihm ist stets ein Überraschungsmoment verbunden. Wichtig ist aber in dem Zusammenhang der Heidelberger Kunstrechtstage, dass der Fall ein brillantes Anschauungsmaterial für allgemeine Fragen des Kunstrechts geliefert hat und noch liefert. Auch wenn die Fakten sich anders darstellen oder wenden sollten, es bleibt der starke Erkenntniswert der Fragestellungen bestehen.[34]

An diesem Fall sieht man ferner die Probleme deutlicher, welche die Europäische Erbrechts-Verordnung mit ihrem Übergang zum gewöhnlichen Aufenthalt als entscheidendem objektiven Anknüpfungskriterium bringen wird. Die Unsicherheiten, die hier entstehen, können durch eine Rechtswahl ausgeglichen werden, wobei ein Doppelstaater jedes seiner Heimatrechte als Erbstatut wählen kann (Art. 22 Abs. 1 S. 2 EuErbVO). Allerdings ist die Rechtswahl auf die Heimatrechte beschränkt; das schweizerische Recht als das Recht des Erben hätte Cornelius Gurlitt nicht wählen können. Insgesamt wird es die Aufgabe der Kautelarjurisprudenz sein, Zersplitterungen und Unsicherheiten zu vermeiden. So bleibt der „Gurlitt"-Fall auch hier ein nicht zu unterschätzender Denkanstoß zum Verständnis des Europäischen Kollisionsrechts. Was aber das Kunstrecht angeht, so werden sich noch viele Heidelberger Kunstrechtstage mit den hier auftauchenden Fragen beschäftigen.

---

34 Siehe auch *Erik Jayme*, Der Fall Gurlitt – Grundfragen des Kunstrechts, in: Mosimann/Schönenberger, Kunst & Recht 2014, Bern 2015, S. 127 ff.

Rahmenvorgaben für ein neues Kulturgutschutzrecht in Deutschland

Frithjof Berger[*]

Der Koalitionsvertrag zwischen CDU/CSU und SPD enthält den Auftrag zur Überarbeitung des Kulturgutschutzrechtes. Politisch zieht dieser Auftrag die Konsequenzen aus dem Bericht der Bundesregierung zum Kulturgutschutz, der im Frühjahr 2013 verabschiedet wurde und anschließend dem Deutschen Bundestag und dem Bundesrat vorgelegt wurde. Mit dem Bericht wurde auch dem Auftrag beider Kammern zur Evaluierung der Kulturgutschutznovelle des Jahres 2007 nachgekommen.

Deutschland ist 2007 dem UNESCO-Übereinkommen über Maßnahmen zum Verbot und zur Verhütung der unzulässigen Einfuhr, Ausfuhr und Übereignung von Kulturgut vom 14. November 1970 (im Folgenden UNESCO-Konvention von 1970) beigetreten; aus diesem Anlass wurde das Kulturgüterrückgabegesetz überarbeitet, das Gesetz zum Schutz deutschen Kulturgutes gegen Abwanderung punktuell überarbeitet und schließlich auch das Gesetz zur Umsetzung der Haager Konvention und zum Protokoll von 1954 verabschiedet.

Der Bericht zum Kulturgutschutz nimmt den Evaluierungsauftrag der Novelle von 2007 zum Anlass für eine umfassende Bestandsaufnahme über den deutschen Kulturgutschutz und zugleich für eine rechtsvergleichende Analyse der Lösungswege, die andere westliche Staaten in diesem Politikbereich eingeschlagen haben. Er unterstreicht die Richtigkeit der Entscheidung zum Beitritt Deutschlands zur UNESCO-Konvention von 1970, zeigt allerdings deutliche Defizite sowohl beim Schutz deutschen Kulturgutes gegen Abwanderung als auch beim Kulturgüterrückgaberecht, insbesondere mit Blick auf die mittlerweile 127 Vertragsstaaten der UNESCO-Konvention von 1970 auf. Der Bericht konnte eine sehr ins Detail gehende Analyse liefern, weil erste Überlegungen, mit dem Bericht bereits

---

* Frithjof Berger, Ministerialrat, Leiter des Referats Nationaler und Internationaler Schutz von beweglichem Kulturgut bei der Beauftragten der Bundesregierung für Kultur und Medien. Schriftliche Zusammenfassung des auf den Heidelberger Kunstrechtstagen 2014 frei gehaltenen Vortrages. Die Ausführungen geben die private Auffassung des Autors wieder.

einen Vorschlag für eine erneute Novelle noch in der 17. Legislaturperiode zu verbinden, während seiner Erarbeitung zurückgestellt wurden. Grund hierfür war, dass die Europäische Kommission einen Vorschlag für eine Überarbeitung der Kulturgüterrückgabe-Richtlinie von 1993 vorgelegt hatte. Da absehbar war, dass diese Überarbeitung Umsetzungsbedarf im deutschen Recht auslösen würde, wurde die Novelle auf die folgende Legislaturperiode verschoben, um eine über punktuelle Änderungen hinausgehende Novelle zu ermöglichen.

Damit zeigt sich, dass für die anstehende Novelle des deutschen Kulturgutschutzrechtes durchaus verschiedene Aspekte auf der Tagesordnung stehen:

- Zunächst geht es darum, die Vorgaben der neuen Richtlinie (der „Richtlinie 2014/60/EU des Europäischen Parlaments und des Rates vom 15. Mai 2014 über die Rückgabe von unrechtmäßig aus dem Hoheitsgebiet eines Mitgliedstaats verbrachten Kulturgütern und zur Änderung der EU-Verordnung Nr. 1024/2012“) in deutsches Recht umzusetzen. Dies betrifft namentlich die Streichung des Anhanges der bisherigen Richtlinie, die Veränderung einer Reihe von Fristen im Kulturgüterrückgaberecht und die Umkehr der Beweislast für die Voraussetzungen einer Entschädigung des Besitzers eines Kulturgutes, das an einen anderen EU-Mitgliedstaat zurückzugeben ist.
- Ein dagegen eher formaler Ansatz ist das Vorhaben, alle mit dem Kulturgutschutz zusammenhängenden Regelungen künftig in einem einheitlichen Gesetz zusammenzufassen und dadurch ein in sich geschlossenes Regelungswerk des Kulturgutschutzes in Deutschland zu schaffen. Dieses Vorhaben gehört zu den wesentlichen Empfehlungen des Berichts von 2013. Es trägt der Erkenntnis Rechnung, dass Abwanderungsschutz und Kulturgüterrückgaberecht – seit 1998 in Deutschland in getrennten Gesetzen geregelt – letztlich zwei Seiten derselben Medaille sind: Alle Staaten haben ein Interesse daran, dass bewegliches Kulturgut, das einen wesentlichen Beitrag zur kulturellen nationalen Identität leistet (in Deutschland sprach man bisher von „national wertvollem Kulturgut“) und von Abwanderung ins Ausland bedroht ist, unter Schutz gestellt wird. In Zeiten zunehmend durchlässiger Grenzen, zunehmenden internationalen Handels und eines wachsenden internationalen Tourismus kann kein Staat diesen Schutz allein gewährleisten. Neben den nationalen Abwanderungsschutz müssen daher internationale Regeln zur Rückgabe von unrechtmäßig ausgeführtem Kulturgut treten. Die UNESCO-Konvention von 1970 und die

Kulturgüterrückgabe-Richtlinie von 1993 haben für ihre Anwendungsbereiche versucht, solche Rückgaberegime zu etablieren.

- Wesentliches inhaltliches Anliegen der anstehenden Novelle ist eine deutliche Verstärkung des Abwanderungsschutzes, die von den Ländern schon seit einigen Jahren mit Nachdruck gefordert wird. Hier haben sowohl der Kulturgutschutzbericht als auch die Praxis der letzten Jahre wesentliche Defizite aufgezeigt:

  Der Schutz privaten Kulturgutes gegen Abwanderung hat insbesondere durch die Grenzöffnungen im EU-Binnenmarkt und im Schengen-Raum nachhaltig an Wirksamkeit eingebüßt. Das Abwanderungsschutzgesetz stammt im Kern aus dem Jahre 1955 und übernahm schon damals ein Regelungsprinzip, das aus dem Jahre 1919 stammte, also dem Beginn der Weimarer Republik. Es baut wesentlich auf dem sogenannten „Listen-Prinzip" auf: Danach wird Kulturgut, das gegen Abwanderung ins Ausland geschützt werden soll, in eine oder mehrere Listen (gegenwärtig hat jedes Bundesland jeweils ein Verzeichnis für geschütztes Kulturgut und eines für geschützte Archive) eingetragen. Eingetragenes Kulturgut darf dann nur noch mit Genehmigung und nur noch in besonderen Ausnahmefällen dauerhaft aus dem Bundesgebiet ausgeführt werden.

  Dieses System beruht auf einer Kernvoraussetzung, die heute in vielen Fällen entfallen ist: Es funktioniert nur dann, wenn die Verwaltung rechtzeitig von schützenswertem Kulturgut Kenntnis hat, um es durch Eintragung vor Abwanderung zu schützen. Das ist heute in vielen Fällen nicht mehr gewährleistet. Hat die zuständige Landesverwaltung aber keine Kenntnis, ist es für den Eigentümer ein Leichtes, das Kulturgut in einen anderen EU-Mitgliedstaat zu verbringen und dadurch dem Abwanderungsschutz zu entziehen. Sobald das Kulturgut das Bundesgebiet verlassen hat, ist es dem Zugriff der deutschen Verwaltung entzogen, da es dann nach geltendem Recht nicht mehr eingetragen werden kann. Ohne eine Eintragung ist es aber auch dem Kulturgüterrückgaberecht der EU-Richtlinie entzogen: Diese gewährt einen Rückgabeanspruch für nationales Kulturgut nur in den Fällen, in diesen diese unrechtmäßig, also in Verstoß gegen Schutzvorschriften, aus dem Herkunftsstaat ausgeführt wurde. Daran fehlt es aber mangels deutscher Eintragung.

  Dies führt in der Praxis dazu, dass nationales Kulturgut in vielen Fällen unbemerkt in EU-Mitgliedstaaten verbracht wird und Bund und

Länder dann hohe Summen aufwenden müssen, um das Kulturgut zurückzukaufen. Dies ist Folge der Schaffung des Binnenmarktes. Es stellt sich auch an sich nur im Binnenmarkt, denn für eine Verbringung in EU-Drittstaaten ist schon jetzt eine Ausfuhrgenehmigung nach EU-Verordnung Nr. 116/2009 erforderlich.
Der Rückkauf der Humboldt-Tagebücher aus London ist ein Beispiel dafür, dass Bund und Länder in den letzten Jahren viele Millionen Euro aufwenden mussten, um wertvolles Kulturgut aus dem Ausland zurückzukaufen. Zugleich führt diese Rechtslage aber auch zu einer deutlichen Benachteiligung des deutschen Kunsthandels. Denn gegenwärtig ist es für den deutschen Eigentümer eines Kulturgutes schlichtweg attraktiver, es im Ausland zu verkaufen: Er riskiert dort keine Eintragung des Kulturgutes mehr, sobald es einmal außer Landes ist, und er kann in manchen Fällen sogar mit einem höheren Erlös rechnen.
Auch der Abwanderungsschutz für Kulturgut im Eigentum der öffentlichen Hand, der durch die Novelle im Jahre 2007 überhaupt erst eingeführt wurden war, hat die Hoffnungen des Gesetzgebers nicht erfüllt. Von der neu eingeführten Möglichkeit, auch Kulturgut in öffentlichem Eigentum einzutragen (um damit im Zweifel Basis für einen Rückgabeanspruch nach EU-Richtlinie zu schaffen), ist seither nur marginal Gebrauch gemacht worden. Dafür gibt es verschiedene Gründe. Sowohl die Museen als auch die Länderverwaltungen wären bei einer umfassenden Eintragung von Sammlungsbeständen schlicht aufgrund des Umfanges der Sammlungen überfordert. Vor der Eintragung besonderer Stücke hingegen schreckten die Museen aber durchweg deswegen zurück, weil sie befürchteten, damit „Kulturgüter erster und zweiter Klasse“ in ihren Sammlungen zu schaffen. Ein durchaus nachvollziehbares Argument.

- Auch das Kulturgüterrückgaberecht zeigt im Rahmen seiner Evaluierung deutliche Defizite. So ist es auf der Basis der Regelungen der Novelle von 2007, die vor allem der Umsetzung der UNESCO-Konvention von 1970 dienen sollten, zu keiner einzigen Rückgabe von Kulturgut an Vertragsstaaten der Konvention auf Grundlage des Kulturgüterrückgabegesetzes gekommen, auch wenn es zu einer ganzen Reihe von Rückgabeforderungen gekommen ist – vor allem von lateinamerikanischen Vertragsstaaten. Der Kulturgutschutzbericht identifiziert eine Reihe von Problemen des Rückgaberechtes. Hauptproblem für die Vertragsstaaten der UNESCO-Konvention sind die hohen rechtlichen Hürden, die das Rückgaberecht gegenüber einem

Rückgabeanspruch von Vertragsstaaten aufbaut, indem es das in Deutschland tradierte „Listen-Prinzip“ auch zum verbindlichen Kriterium des Rückgaberechtes erklärte: Ähnlich wie in Deutschland sollten die Kulturgüter vor ihrer illegalen Ausfuhr in Listen eingetragen werden, die zudem noch in Deutschland ohne Schwierigkeiten einsehbar sein sollten. Dieses System passt aber nicht auf die Schutzsysteme der meisten Herkunftsstaaten, die vor allem archäologisches Kulturgut eher nach Kategorien statt nach Listen generell unter Schutz stellen. Es muss völlig versagen im Falle von Raubgrabungen. Daher sah sich schon der Gesetzgeber des Jahres 2007 veranlasst, für Raubgrabungen – ausnahmsweise – die dem deutschen Recht bis dahin fremde nachträgliche Eintragung für archäologische Gegenstände, die vor der Verbringung unbekannt waren, zuzulassen. Auch dies half aber wenig, wenn dem Herkunftsstaat das „Listen-Prinzip“ an sich fremd ist.

Welche Lösungsansätze zeichnen sich nun für die bisher aufgezeigten Probleme ab? Für den Abwanderungsschutz hat bereits der Bericht der Bundesregierung zum Kulturgutschutz wesentliche Empfehlungen gegeben. Im Rahmen der rechtsvergleichenden Analyse des Kulturgutschutzrechtes mehrerer Staaten wurde deutlich, dass Deutschland einer von nur zwei EU-Mitgliedstaaten ist, der auf eine generelle Ausfuhrkontrolle für Kulturgut im Binnenmarkt verzichtet. Im ersten Moment mag eine solche Aussage widersinnig erscheinen, da doch der EU-Binnenmarkt generell durch den Verzicht auf Kontrollen zwischen den Mitgliedstaaten gekennzeichnet ist. Für den Schutz von Kulturgut sieht allerdings Art. 36 AEUV ausdrücklich eine primärrechtliche Ausnahme von diesem Grundsatz vor, der es den Mitgliedstaaten ermöglicht, nationales Kulturgut zu schützen. Daher hat selbst ein als handelspolitisch liberal geltender EU-Mitgliedstaat wie Großbritannien eine strikte Ausfuhrkontrolle für Kulturgut etabliert. Es bietet sich daher an, dass auch Deutschland diesem Modell eines „zweistufigen“ Abwanderungsschutzes folgt: In einer ersten Stufe werden alle oder bestimmte Kulturgüter je nach Alters- und Wertgrenzen bei ihrer Ausfuhr in einen anderen EU-Mitgliedstaat einer Kontrolle durch das Erfordernis einer Ausfuhrgenehmigung unterworfen. Kulturgüter, die dabei als wichtig für die nationale kulturelle Identität erkannt werden, werden anschließend durch Eintragung gegen Ausfuhr geschützt. Dieses Modell hat eine Reihe von Vorzügen:

- Im Rahmen der Ausfuhrkontrolle erhält die Verwaltung durch die Beantragung der Ausfuhrgenehmigung Kenntnis von Kulturgut und kann daher vor der Ausfuhr prüfen, ob eine Unterschutzstellung durch Eintragung als nationales Kulturgut in Betracht kommt.

- Natürlich ist der Eigentümer auch künftig faktisch nicht gehindert, sein Kulturgut „über die grüne Grenze“ ins benachbarte EU-Ausland zu bringen. Allerdings verschlechtert sich nach dem geplanten Recht seine Position deutlich. Umgeht er nämlich die Ausfuhrkontrolle und beantragt keine Ausfuhrgenehmigung, so hat er sein Kulturgut nach EU-Recht unrechtmäßig ausgeführt. In diesem Falle kommt nun eine Option der seit 1993 geltenden EU-Richtlinie zum Tragen, der sich Deutschland bisher mit guten Gründen verschlossen hatte: die nachträgliche Unterschutzstellung. Bisher hat Deutschland auf die Möglichkeit einer „nachträglichen“ Eintragung unter Hinweis auf das Rechtsstaatsprinzip und den Vertrauensschutz verzichtet, weil das nicht eingetragene Kulturgut im Falle einer Verbringung ins Ausland ja „rechtmäßig“ ausgeführt worden war. Dieser Vertrauensschutz entfällt aber künftig, wenn das Kulturgut unter Umgehung der Ausfuhrkontrolle und ohne Ausfuhrgenehmigung ins Ausland verbracht wird. Sobald in diesen Fällen nachträglich Kulturgut durch Eintragung unter Schutz gestellt wird, liegen die Tatbestandsvoraussetzungen für einen Rückgabeanspruch nach EU-Recht vor.
- Zugleich wird mit dem neuen System auch die Wettbewerbsverzerrung zulasten des deutschen Kunsthandels beseitig. Denn nach dem neuen System wird die Verbringung in EU-Mitgliedstaaten nicht mehr „belohnt“. Vielmehr ist damit zu rechnen, dass der Kunsthandel, etwa in London selbst, auf die Einhaltung der künftigen deutschen Ausfuhrkontrolle drängen wird, da die großen Kunsthandelshäuser wenig Neigung haben werden, sich in EU-Rückgabeverfahren involvieren zu lassen. Dadurch wird der Kunsthandelsstandort Deutschland nicht unwesentlich gestärkt.

Das neue System des Abwanderungsschutzes wird zunächst zu einer Verbesserung mit Blick auf die Kulturgüter in Privateigentum führen – für den Bereich der Kulturgüter im Eigentum der öffentlichen Hand sind Sonderregelungen der Unterschutzstellung erforderlich. Zudem erscheint es notwendig, die Kulturgüter nach Alters- und Wertgrenzen einzugrenzen, die einer nationalen Ausfuhrkontrolle unterworfen werden. Ein System wie es etwa in Italien geltende Praxis ist, nämlich nahezu alle Kulturgüter einer Ausfuhrkontrolle zu unterwerfen, würde zu einem immensen Verwaltungsaufwand bei den Ländern führen, ohne dass der Gewinn für den Abwanderungsschutz dies rechtfertigen würde. Es ist daher beabsichtigt, zur Feinjustierung der Ausfuhrkontrolle die Einzelkriterien in einer Rechtsverordnung mit Zustimmung des Bundesrates festzuschreiben, die ein einfaches „Nachjustieren“ ermöglicht und so die notwendige Balance zwischen Abwanderungsschutz, Belastung der privaten Eigentümer und Verwaltungsaufwand herstellt.

Der Abwanderungsschutz für Kulturgüter im Eigentum der öffentlichen Hand, der vor allem darauf abzielt, dieses Kulturgut in den Anwendungsbereich des Rückgaberechtes zu bringen, wird sich nur durch die pauschale Unterschutzstellung ganzer Sammlungen erreichen lassen. Für den Schutz der Sammlungen mit hoher Anzahl von Einzelobjekten ist die Eintragungsvariante nicht das geeignete Schutzinstrument. Hier wird die gesetzgeberische Herausforderung darin liegen, bei einer pauschalen Unterschutzstellung von öffentlichen Sammlungen rechtliche Verfahren zu entwickeln, die nicht zu einer starken Belastung des internationalen Leihverkehrs führen. Schon gegenwärtig gibt es eine Ausfuhrkontrolle nach EU-Recht für Kulturgüter (EU-Verordnung Nr. 116/2009), die aus dem EU-Binnenmarkt ausgeführt werden sollen. Hier zeigt sich, dass ein hoher Prozentsatz, rund 90 Prozent, der nach EU-Recht erforderlichen Ausfuhrgenehmigungen auf die vorübergehende Ausfuhr im internationalen Leihverkehr entfällt. Es zeichnet sich ab, dass Deutschland in diesem Bereich von einer weiteren Option Gebrauch macht, die das EU-Recht dafür bietet: die Einführung der sogenannten „allgemeinen offenen Genehmigung zur Ausfuhr“. Dies würde es den zuständigen Landesbehörden erlauben, im Voraus bestimmten Kultureinrichtungen für Zwecke des Leihverkehrs eine befristete generelle Vorabgenehmigung für eine vorübergehende Ausfuhr zu erteilen.

Die ins Auge gefassten Änderungen des deutschen Abwanderungsschutzes bieten auch einen Fingerzeig für eine Verbesserung des Rückgaberechtes. Das von der deutschen Rechtstradition inspirierte „Listen-Prinzip“ hat sich im Rückgaberecht, wie dargestellt, nicht bewährt, es wird zu Recht von den Herkunftsstaaten aus dem Kreis der Vertragsstaaten der UNESCO-Konvention von 1970 zum Teil scharf kritisiert. Ansatzpunkt für ein neues Rückgaberecht kann auch hier sein, an die jeweilige Ausfuhrbestimmungen des Herkunftsstaates anzuknüpfen. Damit werden die Tatbestandelemente des EU-rechtlichen Rückgabeanspruches auch im Verhältnis zu den Vertragsstaaten der UNESCO-Konvention nutzbar gemacht. Erforderlich für eine Rückgabe ist dann einerseits, dass das Kulturgut nach nationalen Regeln des Herkunftsstaates unter Schutz steht (das kann dann auch eine generelle Regelung einer Unterschutzstellung bestimmter Kategorien von Kulturgütern sein). Anderseits, dass es unter Verstoß gegen nationale Ausfuhrbestimmungen – also unrechtmäßig – ausgeführt wurde. Der Unrechtsvorwurf, der im bisherigen Recht vor allem an dem Verstoß gegen die nationale Unterschutzstellung anknüpfte, verlagert sich damit mehr auf die unrechtmäßige Ausfuhr. Daher wird es nach künftigem Recht auch wichtiger, Transparenz hinsichtlich der Ausfuhrregeln der verschiedenen Herkunftsstaaten herzustellen – etwa im Rahmen des jetzt schon als Bund-Länder-Projekt bestehenden Internet-Portals zum Kulturgutschutz: www.kulturgutschutz-deutschland.de.

Festzuhalten ist, dass der Kulturgutschutz vor wesentlichen gesetzlichen Veränderungen und EU-rechtlichen Anpassungen steht. Oberste Maxime dabei ist, wie es auch der eingangs erwähnte Koalitionsvertrag von CDU/CSU und SPD festhält, eine Verbesserung des Kulturgutschutzes in Deutschland zu erreichen.

Kunstsammler – Kunstrechtswissenschaftler: Kurzportrait von Erik Jayme aus Anlasse seines 80. Geburtstags

Matthias Weller[*]

Lieber Herr Jayme, meine sehr verehrten Damen und Herren,

das Jahr 2014 ist ein ganz bedeutendes für die Kunstrechtswissenschaft, denn einer der einflussreichsten und wirkungsmächtigsten Begründer und Vertreter dieses Faches feiert seinen 80. Geburtstag, und zwar auch hier und heute mit uns in Heidelberg. Dies ist keine Selbstverständlichkeit, denn der Jubilar feiert mit seinen verschiedensten Exzellenzclustern, wenn man das so sagen darf, in diesem Jahr buchstäblich in und mit der ganzen Welt.

Das Heidelberger Institut für Kunst und Recht, für das ich hier sprechen darf, möchte es sich gleichwohl nicht nehmen lassen, verbunden mit den herzlichsten Glückwünschen, ein bescheidenes Wort des Dankes auszusprechen und dabei den Versuch zu wagen, ein Kurzportrait des Jubilars zu zeichnen, und dieses soll aus fünf Bildelementen bestehen:

I. Kunstsammler und Universalgelehrter

Lieber Herr Jayme, im Vorwort Ihrer fast zweitausendseitigen, zweibändigen deutschen Festschrift zu Ihrem 70. Geburtstag – ich lasse die tausendseitige südamerikanische Festschrift zum selben Anlass von vornherein hier außen vor – ist zu lesen, dass Sie 1934 in Montréal in eine internationale Familie hineingeboren wurden. Sie verbrachten dann Ihre Jugend in Darmstadt. Ihr Vater war Professor für Chemie an der Technischen Hochschule Darmstadt und, für uns vor allem interessant, Kunstsammler. Es kann nicht überraschen, dass eine solche Umgebung prägt.

* Prof. Dr. Matthias Weller, Mag.rer.publ., Lehrstuhl für Bürgerliches Recht, Zivilverfahrensrecht und Internationales Privatrecht, EBS Universität für Wirtschaft und Recht, Wiesbaden, Leiter des Research Center for Transnational Commercial Dispute Resolution an der EBS Law School (www.ebs.edu/tcdr) sowie Vorstandsmitglied des Instituts für Kunst und Recht IFKUR e.V. Heidelberg (www.ifkur.de).

Sie entschieden sich zunächst dafür, in München Kunstgeschichte zu studieren, alsbald auch Rechtswissenschaften, später konzentrierten Sie sich auf letzteren Studiengang, wobei Sie immer der Kunstgeschichte so nahe wie möglich blieben, vor allem durch ausgedehnte Seminare und Studienreisen, Studienjahre in Italien. Und Sie wurden schnell berühmt und bewundert für die Gabe, einerseits brillante juristische Forschung und Lehre „abzuliefern", andererseits aber diese mit dem Blick in die Kultur- und Kunstgeschichte zu illustrieren, zu relativieren, vielleicht auch zu überhöhen. Studierende durften daran vielfach teilhaben, ich selbst etwa als Stipendiat des Austauschprogramms der Universitäten Heidelberg und Cambridge auf den unvergesslichen „Cambridge-Abenden", an denen Sie die gegenwärtigen und ehemaligen Stipendiaten zu Ihnen nach Hause einluden. Es trafen sich regelmäßig mehr als 40 junge Leute, denen Sie dann ein Gemälde, ein Werk aus Ihrer Sammlung, Ihren jüngsten Auktionserfolg, Ihre neueste Theorie zur vom Auktionshaus verkannten Urheberschaft eines erstandenen Werkes vorstellten. Unvermittelt befand man sich in einem kunsthistorischen Seminar, und ein Höhepunkt war immer, wenn Sie Ihre Stehlampe in die Hand nahmen und von Werk zu Werk an den dicht behängten Wänden Ihrer Wohnung führten. Die Faszination dieser Abende war sprichwörtlich, und diese Faszination ging von Ihrer Person als Kunstsammler und als eine Art Universalgelehrter aus.

Als wir beide später in den USA reisten, stellten die Gastgeber Ihre Person als „key note speaker" durchgehend mit der Wendung vor: „a true renaissance man" – und ich glaube, so eigentümlich dies klingt, so treffend war es letztlich.

II. Das Kunstrecht tritt auf den Plan

Ihr wissenschaftliches Oeuvre ist auf verschiedenen Ebenen wegweisend. Sie haben sich immer intensiv mit dem Internationalen Familienrecht auseinandergesetzt und tun dies natürlich bis heute. Die erste in Ihrem Schriftenverzeichnis ausgewiesene Publikation, Ihre Dissertation von 1961, widmet sich „Spannungen bei der Anwendung italienischen Familienrechts durch deutsche Gerichte", positiv besprochen etwa durch Spiros Simitis im AcP 162 (1963), S. 552 ff. Ihre Habilitationsschrift, erschienen 1971, behandelt die Familie im Recht der unerlaubten Handlung, und bis 1990 und weit darüber hinaus erschließen Sie in einer Fülle von viel beachteten Publikationen umfassend das Neuland des Internationalen Familienrechts, vielfach aus Anlass deutsch-italienischer Konstellationen und zunehmend im Kontext des europäischen Rechtsrahmens. Dabei entwickeln Sie immer auch die allgemeine Methodik und Dogmatik des Internationalen Privatrechts und der Rechtsvergleichung fort.

1990 erscheint dann, wenn ich richtig gesehen habe, die erste spezifisch kunstrechtliche Publikation, nämlich der Tagungsbericht „Internationaler Kulturgüterschutz: lex originis oder lex rei sitae“.[1] 1991 erscheint als Bericht der philosophisch-historischen Klasse der Heidelberger Akademie der Wissenschaften, deren Gast wir dank Ihnen auch heute wieder sein dürfen, „Kunstwerk und Nation: Zuordnungsprobleme im internationalen Kulturgüterschutz“. Seither erschließen Sie auch dieses neue Land, das Kunstrecht. Ich möchte für einen kurzen Moment bei den beiden genannten international-privatrechtlichen Fragestellungen – lex originis und Nationalität des Kunstwerkes – bleiben. Deswegen zunächst drittens „lex originis“ und danach dann viertens die „Nationalität des Kunstwerkes“.

III. Lex originis

1991 beschließt das Institut de Droit International – unter maßgeblichem Einfluss des Jubilars – auf der Sitzung in Basel die Resolution „La vente internationale d'objets d'arts sous l'angle de la protection du patrimoine culturel“. Art. 2 lautet: „Le transfert de la propriété des objets d'art – appartenant au patrimoine culturel du pays d'origine du bien – est soumis à la loi de ce pays“.

In Angleichung zum öffentlich-rechtlichen Kulturgüterschutz soll das auf den Eigentumsübergang anwendbare Recht solcher Kulturgüter in Abkehr von der Grundregel der wandelbaren lex rei sitae die lex originis sein, also das Recht des Staates, in dem das Kulturgut seine „Heimat“ hat. Die Heimat oder eben auch die Nationalität eines Kulturgutes setzt aber mehr voraus als lediglich die physische Belegenheit der Sache. Damit kommt es entscheidend darauf an, welche Anforderungen dies sein sollen. Dies führt mich zu:

1 IPRax 1990, S. 347 f.

IV. Nationalität des Kunstwerkes

In Ihrem Beitrag „Neue Anknüpfungsmaximen für den Kulturgüterschutz im Internationalen Privatrecht“, erschienen 1994 in den von Ihnen sowie Rudolf Dolzer und Reinhard Mußgnug herausgegebenen „Rechtsfragen des internationalen Kulturgüterschutzes“, erfahren wir:

„Den Begriff der Heimat („patrie“) der Kunstwerke verwendete *Antonio Canova* in einem Streitgespräch mit *Talleyrand* über die Rückführung der von den Franzosen aus Rom nach Paris gebrachten Kunstwerke.“

Sie greifen dieses Gespräch, das eine Wort in diesem Gespräch, auf und entfalten, dass in ihm nicht nur ein politisches Argument, sondern vielmehr eine Sternstunde für die Konzeption des Internationalen Privatrechts für Kunstwerke und Kulturgüter liegt. Sie machen deutlich, dass „Heimat“ in diesem Sinne etwas Ideelles meint, nämlich die Bedeutung des Werkes für die Identität der betreffenden Nation. Gemeint ist damit, wenn man so will, der Rezeptionsschwerpunkt, das Rezeptionszentrum für das Werk. Diese Anknüpfung kommt deswegen in Betracht, weil diejenige Nation oder auch Rechtsgemeinschaft, die sich am intensivsten mit dem Werk auseinandergesetzt hat, starke und legitime Interessen am Erhalt des Zugangs zu diesem Werk und an der Gegenwart dieses Werkes hat. Dann aber kann es legitim sein, das Privatrecht dieser Rechtsgemeinschaft für die sachenrechtliche Zuordnung zu berufen, weil man den natürlichen Sitz, die Heimat des Rechtsverhältnisses im Savigny'schen Sinne,[2] in einer solchermaßen kulturell verstandenen Heimat des Kulturgutes verorten kann.

Natürlich kollidiert eine solche Anknüpfung mit Verkehrsschutzinteressen. Natürlich ist eine solche Anknüpfung an den Rezeptionsschwerpunkt nicht so klar und eindeutig wie die Anknüpfung an den Belegenheitsort. Und natürlich sind Vorstöße wie derjenige zur lex originis immer auch Denkanstöße bis hin zur Provokation, die die herkömmliche Dogmatik herausfordern sollen.

Ich will hier und heute in dieser Diskussion nur einen einzigen Aspekt hervorheben: Der Rezeptionsschwerpunkt, die „Nationalität“ des Kunstwerks, mag vage und schwer zu konkretisieren sein. Das Internationale Privatrecht bedient sich aber zunehmend auch solcher Anknüpfungspunkte, um spezifischen Interessenlagen im konkreten Fall Rechnung zu tragen. Beispielsweise knüpft der EuGH die internationale Zuständigkeit für

---

2 System des heutigen römischen Rechts Bd. VIII, S. 120.

deliktische Klagen aus Persönlichkeitsrechtsverletzungen im Internet nach dem Urteil in der Rechtssache *eDate Advertising* an den „Mittelpunkt der Interessen" des Verletzten. Dieser Mittelpunkt der Interessen ist nichts anderes als der Rezeptionsschwerpunkt der betroffenen Person in ihrem sozialen Umfeld. Für die kollisionsrechtliche Anknüpfung wird auf europäischer Ebene nach dem jüngsten Vorschlag des Europäischen Parlaments ebenfalls das Recht des Staates vorgeschlagen, in dem der Schwerpunkt der Beeinträchtigung zu lokalisieren ist. Wie auch sonst sollte man den Verletzungsort eines so flüchtigen Rechtsguts wie der Persönlichkeit lokalisieren. Nun ist natürlich eine Sache gerade nicht so flüchtig wie die Persönlichkeit und ihre Wertschätzung durch die Rechtsgemeinschaft, und es geht auch nicht um die Lokalisierung des Tatortes, sondern um die sachenrechtliche Zuordnung. Aber ich denke, ich spreche im Sinne des Jubilars, wenn ich einwende, dass ein Kunstwerk schon auch eine Sache ist, aber doch mehr und qualitativ etwas anderes ist als ein Sack Zement oder ein Regenschirm und vielleicht sogar schon so etwas wie eine Quasi-Persönlichkeit erlangt.

Dieser Gedanke manifestiert sich nicht zuletzt in einem weiteren wegweisenden Beitrag von Ihnen, lieber Herr Jayme, zur Entwicklung des Internationalen Kunstrechts, und dies ist die Deutung des reisenden Kunstwerkes als Botschafter des guten Willens. In Ihrem viel beachteten Wiener Vortrag „Das freie Geleit für Kunstleihgaben" von 2001 legitimieren Sie die einfachgesetzlich gewährte Immunität der ausländischen Kunstleihgabe im deutschen Kulturgüterschutzgesetz mit diesem Gedanken. In Reaktion darauf und auch auf die Nationalität des Kunstwerkes wurde vorgeschlagen, im Eigentumsprätendentenstreit für das Kulturgut einen Verfahrenspfleger zu bestellen, der die kulturellen Interessen der Allgemeinheit und vielleicht sogar so etwas wie die Interessen oder auch eine Art Persönlichkeitsrecht des Kunstwerkes selbst wahrnehmen soll. Natürlich beinhalten solche Vor- und „Anschläge" auf altes Denken Angriffe auf gewohnte Kategorien, und es mögen nicht zuletzt Ihre scharfen Blicke in die Kunstgeschichte sein, die Ihnen bei der Betrachtung von Parallelaktionen dort die Inspiration zu Grenzüberschreitungen liefern. Manche kommen da nicht mit, manche verstehen bis heute unter der Postmoderne eine Art moderne Post, wir alle, so darf ich vielleicht sagen, bewundern und verehren Sie dafür.

V. Institut für Kunst und Recht

Meine Damen und Herren, ich komme zum fünften Element meines Kurzportraits, nämlich unserem Institut für Kunst und Recht. Als Herr Kemle und ich Sie im Jahre 2006 ansprachen, ob Sie unser Projekt unterstützen würden, waren Sie sofort auf unserer Seite. Sie waren und sind bis heute der *spiritus rector* dieser Veranstaltung. Sie haben uns auf den Feierlichkeiten zum Gründungsakt dieses Vereins noch im Jahre 2006 mit einem Festvortrag beschenkt zur Entscheidung des Bundesgerichtshofs im Fall „Rote Mitte“ – Unterlassungsanspruch aus § 1004 Abs. 1 S. 2 BGB des Eigentümers gegen die Eigentumsberühmung. Sie haben auf allen Kunstrechtstagen seit 2007 die unterschiedlichsten Themen zur Diskussion gestellt: Leistungsschutzrechte und Melodie als Rechtsbegriff im Zusammenhang mit der neu und wiederentdeckten Partitur der Vivaldi-Oper „Motezuma“; Regietheater als Rechtsproblem; die Ersitzung im Kunstrechtsstreit am Beispiel der Heidelberger Papyrussammlung – ein Beitrag, der nicht nur zu großer Medienresonanz führte, sondern auch letztlich bewirkte, dass das angeblich vom Erben eines früheren Universitätsmitarbeiters ersessene Papyrusstück, ein koptisches Zauberbuch, in die Heidelberger Sammlung zurückgeführt werden konnte. Dann 2010 Ihr Beitrag zum Kaufgewährleistungsrecht für Kunstersatzprodukte – Reproduktionsgraphiken exemplarischer Werke, Gipsabgüsse, Kopien aller Art, Nachgüsse von Skulpturen und so weiter, und hier schließt sich nun der Kreis zu dem ersten Element meines Portraits, denn Sie entwickelten Ihre rechtswissenschaftlichen Thesen aus der Sicht eines praktizierenden Kunstsammlers auf der Grundlage eigener Werke Ihrer Sammlung, die sie sogar zum Vortrag hier im Saal auf Ihrer Staffelei ausstellten – viele werden sich an diese weitere Sternstunde der Kunstrechtswissenschaft erinnern.

Sie sagen seit einiger Zeit zu unserer großen Beunruhigung, es müsse nun auch einmal ohne Sie gehen, aber ich erwidere dann immer, und ich glaube auch im Sinne des Auditoriums heute – im Grunde kommen die Leute wegen Ihnen! Dies möge für uns alle so bleiben, und so schließe ich ganz einfach mit dem herzlichsten Dank von uns allen für alles und den herzlichsten Glückwünschen – *ad multos annos*.

Reformprozess des deutschen und europäischen Kulturgutschutzrechts

Robert Peters[*]

I. Einleitung

Mit Schaffung des EU-Binnenmarktes und der Ratifikation der UNESCO-Konvention von 1970 durch die Bundesrepublik Deutschland im Jahr 2007[1] trat zum seit 1955 bestehenden Abwanderungsschutz ein völlig neuer Aspekt hinzu: der des Kulturgüterrückgaberechts. Seitdem umfasst das deutsche Kulturgutschutzrecht zwei grundsätzliche Schutzrichtungen: Erstens, den Schutz von Kulturgut in Deutschland vor Abwanderung ins Ausland und zweitens den Schutz von Kulturgut ausländischer Staaten, das aus diesen unrechtmäßig nach Deutschland verbracht wurde und an diese zurückzugeben ist. Beide Schutzrichtungen greifen ineinander und sind daher zwei Seiten einer Medaille.

Bisher fehlte in Deutschland die Einsicht, dass der Abwanderungsschutz und das Kulturgüterrückgaberecht zusammen betrachtet werden müssen. Diese zwei Seiten des Kulturgutschutzrechts, die bisher in getrennten Gesetzen geregelt sind,[2] sollen in der derzeit von der Bundesre-

---

* Dr. Robert Peters, Referent bei der Beauftragten der Bundesregierung für Kultur und Medien im Referat Nationaler und Internationaler Schutz von beweglichem Kulturgut, Berlin. Die Ausführungen geben seine private Auffassung wieder.

1 Gesetz zu dem Übereinkommen vom 14. November 1970 über Maßnahmen zum Verbot und zur Verhütung der rechtswidrigen Einfuhr, Ausfuhr und Übereignung von Kulturgut vom 20. April 2007 (BGBl. 2007 II S. 626).

2 Im Kern beruht das Kulturgutschutzrecht in Deutschland derzeit auf drei Gesetzen: Gesetz zum Schutz deutschen Kulturgutes gegen Abwanderung in der Fassung der Bekanntmachung vom 8. Juli 1999 (BGBl. I S. 1754), das zuletzt durch Art. 2 des Gesetzes vom 18. Mai 2007 (BGBl. I S. 757) geändert worden ist; Gesetz zur Ausführung des UNESCO-Übereinkommens vom 14. November 1970 über Maßnahmen zum Verbot und zur Verhütung der rechtswidrigen Einfuhr, Ausfuhr und Übereignung von Kulturgut und zur Umsetzung der Richtlinie 93/7/EWG des Rates vom 15. März 1993 über die Rückgabe von unrechtmäßig aus dem Hoheitsgebiet eines Mitgliedstaats verbrachten Kulturgütern vom 18. Mai 2007 (BGBl. I S. 757) und Gesetz zur Ausführung der Konvention vom

gierung geplanten Novellierung des Kulturgutschutzes in einem einheitlichen, neuen Gesetz zusammengeführt werden: Schutz eigenen und ausländischen Kulturgutes. Der im April 2013 von der Bundesregierung vorgelegte Bericht zum Kulturgutschutz in Deutschland,[3] der 2007 mit der Ratifikation der UNESCO-Konvention von 1970 von Bundestag und Bundesrat in Auftrag gegeben wurde,[4] stellt im Ergebnis der Evaluierung im Zeitraum 2008 bis 2013 zahlreiche Defizite der bestehenden Regelungen fest und macht konkrete Vorschläge für eine Novellierung des Kulturgutschutzrechts in Deutschland. Diese Empfehlung des Berichts hat die Bundesregierung im Koalitionsvertrag von CDU/CSU und SPD vom Herbst 2013 aufgenommen: „Mit der Novellierung […] will die Koalition ein, den Kulturgutschutz stärkendes, kohärentes Gesetz schaffen, um sowohl illegal ausgeführtes Kulturgut anderer Staaten effektiv an diese zurückzugeben als auch deutsches Kulturgut besser vor Abwanderung ins Ausland zu schützen.“[5] Klarer könnte der gesetzgeberische Auftrag kaum sein.

II. Reform des deutschen Rechts im Kontext der EU-Entwicklungen

Der Zeitpunkt für die Novellierung des Kulturgutschutzes in Deutschland ist denkbar günstig: Nach der Feststellung der EU-Kommission, dass die Richtlinie 93/7/EWG zur Rückgabe von unrechtmäßig verbrachtem Kulturgut an EU-Mitgliedstaaten ebenfalls zahlreiche Anwendungsschwierigkeiten bei den EU-Mitgliedstaaten verursacht und so kaum Rückgaben zwischen den Mitgliedstaaten auf Grundlage der EU-Richtlinie erfolgten, verabschiedeten Rat und Europäisches Parlament die Neufassung der

---

14. Mai 1954 zum Schutz von Kulturgut bei bewaffneten Konflikten vom 18. Mai 2007 (BGBl. I S. 757, 762 (2547)).

3 Der Bericht der Bundesregierung zum Kulturgutschutz von April 2013 ist als Drucksache des Bundestages (BT-Drucksache 17/13378) sowie unter www.kulturstaatsministerin.de veröffentlicht.

4 Beschluss des Deutschen Bundestages vom 1. Februar 2007 (Drucksache BT 16/4145) sowie Beschluss des Bundesrates vom 9. März 2007 (Drucksache BR 92/07).

5 Koalitionsvertrag zwischen CDU, CSU und SPD, 18. Legislaturperiode, S. 132, abrufbar unter: http://www.bundesregierung.de/Content/DE/_Anlagen/2013/2013-12-17-koalitionsvertrag.pdf?__blob=publicationFile&v=2.

Richtlinie von 1993 als Richtlinie 2014/60/EU vom 15. Mai 2014.[6] Die Mitgliedstaaten haben nun 18 Monate, die Richtlinie in nationales Recht umzusetzen.

Die Neufassung der EU-Richtlinie umfasst vor allem drei Aspekte: Erstens, die Ausweitung des Anwendungsbereichs der Richtlinie durch den Wegfall des Annexes. Dieser sah bisher Kategorien sowie Alters- und Wertgrenzen für bestimmte Kulturgüter vor; nur jene Kulturgüter waren nach der bisherigen Richtlinie zurückzugeben. Mit dem Wegfall des Annexes kommt es für das EU-Rückgaberecht künftig allein auf die Unterschutzstellung durch den jeweiligen Mitgliedstaat an. Dies führt zu einer Ausweitung des Anwendungsbereiches des Rückgaberechts, ist aber insoweit konsequent, da die EU damit den Einschätzungsvorrang der Mitgliedstaaten im Kulturbereich auch gesetzgeberisch anerkennt. Die zweite wesentliche Neuerung betrifft die Fristverlängerung des Erlöschens des Rückgabeanspruchs von einem auf drei Jahre. Dem ersuchenden Mitgliedstaat ist damit deutlich mehr Zeit gegeben, seinen Anspruch geltend zu machen. Drittens - und das ist ein wirkliches Novum im Rückgaberecht - werden Sorgfaltspflichten beim Erwerb von Kulturgut eingeführt. Zukünftig erhält bei gerichtlich angeordneter Rückgabe nur derjenige Besitzer eine angemessene Entschädigung, der nachweisen kann, dass er die nach der Richtlinie erforderliche Sorgfalt beim Erwerb des Kulturgutes erfüllt hat. Dieser in Art. 10 der Richtlinie 2014/60/EU nunmehr vorgesehene Sorgfaltsmaßstab, der damit als allgemeiner, verbindlicher Sorgfaltsmaßstab im Umgang mit Kulturgut in der EU angesehen werden darf, lehnt sich in seinem Wortlaut an die Regelungen der Art. 4 Abs. 4 und Art. 6 Abs. 2 der UNIDROIT-Konvention von 1995 an.

Die Umsetzungsfrist von 18 Monaten will die Bundesregierung nutzen, um auch die bisherigen gesetzlichen Regelungen des Kulturgutschutzrechts zu überarbeiten, um sowohl die Umsetzung der UNESCO-Konvention von 1970 im Kulturgüterrückgabegesetz von 2007 zu überarbeiten, die Umsetzung der Haager Konvention samt Protokoll von 1954, als auch den Bereich des Abwanderungsschutzes. Das für diese Legislaturperiode geplante Gesetzgebungsverfahren ist damit eines der umfangreichsten im Bereich des Kulturgutschutzes in Deutschland jeher.

---

6 Richtlinie 2014/60/EU des Europäischen Parlaments und des Rates vom 15. Mai 2014 über die Rückgabe von unrechtmäßig aus dem Hoheitsgebiet eines Mitgliedstaats verbrachten Kulturgütern und zur Änderung der EU-Verordnung Nr. 1024/2012, Neufassung (ABl. L 159/1 vom 28. Mai 2014).

III. Bisherige Defizite im Kulturgutschutzrecht in Deutschland

Die in Deutschland bestehenden Regelungen zum Abwanderungsschutz haben sich in der Evaluierung im Rahmen des Berichts der Bundesregierung als defizitär erwiesen, da das System des deutschen Abwanderungsschutzes im Kern auf Regelungen von 1919 bzw. 1955 beruht und mit Schaffung des EU-Binnenmarktes und dem Wegfall der Grenzkontrollen im Schengenraum keinen effektiven Schutz mehr darstellt. Teure Rückkäufe bedeutender Kulturgüter, die sich zuvor in Deutschland im Privatbesitz befanden, stellten die öffentliche Hand in den letzten Jahren vor erhebliche finanzielle Belastungen. Die Ausfuhr dieser Kulturgüter war rechtmäßig, da eine vorherige Eintragung als national wertvolles Kulturgut in eines der 16 Länderverzeichnisse unterblieben war. Eine nachträgliche Eintragung ist gesetzlich nicht vorgesehen. Die zuständigen Landesbehörden hatten schlicht keine Kenntnis von den jeweiligen Kulturgütern in Privatbesitz, bevor sie das Land verließen. Zum Teil mussten bis zu zweistellige Millionenbeträge aufgewendet werden, um bedeutendes Kulturgut für die deutsche Öffentlichkeit zu erhalten. Zahlreiche andere EU-Mitgliedstaaten haben in den letzten Jahren im Bereich der nationalen Ein- und Ausfuhrkontrolle gesetzliche Anpassungen zum Schutz von nationalem Kulturgut vorgenommen, Deutschland hat dies bisher versäumt. Hinzu kommt, dass das Abwanderungsschutzgesetz von 1955 (KultgSchG) den Anforderungen eines modernen Datenschutz- und Verwaltungsverfahrens nicht mehr gerecht wird und so einer grundlegenden Überarbeitung bedarf. Auch die 1998 nachträglich eingeführte Regelung der rechtsverbindlichen Rückgabezusage (§ 20 KultgSchG) zur Erleichterung des internationalen Leihverkehrs wirkt regelungstechnisch im Abwanderungsschutzgesetz eher wie ein Fremdkörper und sollte daher systematisch gesetzlich neu verankert werden.

Vor allem hat sich aber das Kulturgüterrückgabegesetz (KultGüRückG), in Umsetzung der UNESCO-Konvention von 1970, als wenig praktikabel und außenpolitisch als durchaus problematisch erwiesen. Seit Inkrafttreten des Gesetzes 2008 gab es trotz zahlreicher Rückgabeersuchen ausländischer Staaten keine einzige Rückgabe, was verständlicherweise international zu Kritik an der deutschen Umsetzung geführt hat. Das Gesetz war im Gesetzgebungsverfahren 2007 nicht unumstritten: Der deutsche Gesetzgeber stand vor der Aufgabe, einerseits den völkerrechtlichen Verpflichtungen der UNESCO-Konvention von 1970, vor allem den des Art. 7 der Konvention, nachzukommen und andererseits unverhältnismäßige Belastungen und Wettbewerbsnachteile für den deutschen

Kunsthandel zu vermeiden. Folglich war das Gesetz 2007 ein politischer Kompromiss, um weder „eine zu laxe und damit rufschädigende“, noch eine „zu strenge und damit nicht mehr praktikable Umsetzung“ zu erzielen.[7] Die vergleichsweise hohen gesetzlichen Rückgabeanforderungen konnten jedoch von keinem Rückgabe ersuchenden Staat erfüllt werden. Auch die Rechtsprechung vermochte es nicht, die bestehenden Anwendungsschwierigkeiten des Gesetzes zu beheben. Die vom Gesetzgeber 2007 erhoffte Vereinfachung der Rückgabe unrechtmäßig ausgeführter Kulturgüter hat sich daher in der Praxis leider nicht bestätigt. Ganz im Gegenteil: Die unter Maßgabe der Rechtssicherheit in Deutschland 2007 gesetzlich verankerte Voraussetzung, dass nur für jene Kulturgüter ein Rückgabeanspruch besteht, die in ein öffentliches und in Deutschland einsehbares Verzeichnis des Herkunftsstaates eingetragen wurden, hat sich in der Zusammenarbeit mit den ausländischen Staaten – auch aufgrund der Vielzahl der dort geschützten Kulturgüter – als nicht praktikabel erwiesen. Auch die 2007 für die bisherige deutsche Gesetzessystematik an sich recht fortschrittlich gedachte nachträgliche Eintragung für archäologische Gegenstände nach § 6 Abs. 2 Nr. 1 KultGüRückG, die vor der Verbringung unbekannt waren, also insbesondere Objekte aus Raubgrabungen, die aufgrund ihres illegalen Ursprungs nicht gelistet sein können, hat sich in der Praxis nicht bewährt. Dem Problem von Raubgrabungen ist aufgrund der Vielzahl und Ähnlichkeit der Objekte eben nicht anhand von Einzeleintragungen in nationale Listen beizukommen. Auch nicht nachträglich, zumal Objekte aus Raubgrabungen, vor allem aus solchen in Krisengebieten, teilweise erst Jahre später wieder auftauchen, wenn überhaupt. Tauglich erscheint hier allein das von den meisten Vertragsstaaten der UNESCO-Konvention von 1970 und auch im EU-Recht verankerte Kategorienprinzip, wonach bestimmte Kategorien von Kulturgütern je nach Alters- und Wertgrenzen Schutzbestimmungen unterliegen.

In Anwendung des deutschen Listenprinzips auf geschützte Kulturgüter anderer Staaten, wie vom Kulturgüterrückgabegesetz vorgesehen, wäre auch der deutschen Verwaltung ein enormer Bürokratieaufwand entstanden: Um dem Erfordernis der UNESCO-Konvention von 1970 nach einer Einfuhrkontrolle nachzukommen, hat der deutsche Gesetzgeber 2007 nicht nur den Rückgabeanspruch an eine vorherige – bei unbekannten archäologischen Objekten auch nachträgliche – Eintragung in ein nationales Ver-

7 Vergl. Gesetzesbegründung zum Kulturgüterrückgabegesetz, Drucksache BT 16/1371 vom 4. Mai 2006, Allgemeiner Teil, S. 12.

zeichnis geknüpft, sondern auch die Einfuhrkontrolle. So sehen §§ 14 und 15 KultGüRückG vor, das die Bundesregierung zusätzlich zu den Listen geschützten Kulturgutes ausländischer Staaten ein eigenes, deutsches Verzeichnis mit jenen ausländischen Objekten führt, deren Verbringung ins Bundesgebiet einer Genehmigung bedarf. Hätte auch nur ein Teil der derzeit 127 Vertragsstaaten der UNESCO-Konvention von 1970 von dieser Möglichkeit der Eintragung in ein deutsches Verzeichnis Gebrauch gemacht, wären erhebliche Kosten für Bearbeitung, Übersetzung und Veröffentlichung im Bundesanzeiger entstanden. Insofern hat sich auch die Regelung einer Einfuhrkontrolle für Kulturgut ins Bundesgebiet nach §§ 14 und 15 KultGüRückG nicht bewährt. Der Verwaltungsaufwand wäre enorm, ohne damit jedoch überhaupt eine effektive Einfuhrregelung für Objekte aus Raubgrabungen geschaffen zu haben. Diese Regelung unter Verwendung des Listenprinzips und die nach § 14 Abs. 3 KultGüRückG entsprechend erlassene Rechtsverordnung (KultgVV)[8] soll daher im Novellierungsverfahren gestrichen werden.

IV. Lösungsansätze für einen verbesserten Kulturgutschutz in Deutschland

Eigentlich ist es ganz einfach: So wie die neue Richtlinie 2014/60/EU vom 15. Mai 2014 den Anwendungsbereich der Richtlinie und damit die Rückgabepflicht für jegliches geschützte Kulturgut der Mitgliedstaaten erweitert, unabhängig von Alters- und Wertgrenzen, so muss dieser Schutz konsequenterweise auch für das geschützte Kulturgut der Vertragsstaaten der UNESCO-Konvention von 1970 gelten: Unrechtmäßig ausgeführtes Kulturgut eines Staates muss zugleich als unrechtmäßig in einen anderen Staat eingeführt gelten. Zwar ist diese einfache Gleichung nicht explizit in der UNESCO-Konvention von 1970 als Verpflichtung verankert, aber die Entwicklungen seit den 1970er Jahren zeigen, dass der Schutz von Kulturgut vor unrechtmäßiger Ein- und Ausfuhr nahezu universelle Akzeptanz erlangt hat. Dass ein gemeinsames Vorgehen gegen den illegalen Handel mit Kulturgut notwendig ist, da es das kulturelle Erbe der Menschheit gefährdet, steht mittlerweile außer Frage. Raubgrabungen und der illegale

8 Verordnung über das Verzeichnis wertvollen Kulturgutes nach dem Kulturgüterrückgabegesetz (Kulturgüterverzeichnisverordnung, KultgVV) vom 15. Oktober 2008, BGBl I S. 2002.

Handel mit Kulturgut werden, genauso wie illegaler Drogen- und Waffenhandel sowie Verstöße gegen den Artenschutz, international geächtet und strafrechtlich sanktioniert. Dies zeigen auch die Arbeiten des VN-Büros zur Bekämpfung des Drogenhandels und der organisierten Kriminalität (UNODC) in Wien, das sich zunehmend mit dem Problem des illegalen Handels mit Kulturgut beschäftigt.

Bilaterale Lösungsansätze in der Umsetzung der UNESCO-Konvention von 1970, wie die der USA oder der Schweiz, die für eine Rückgabe von unrechtmäßig verbrachtem Kulturgut zusätzlich ein bilaterales Übereinkommen voraussetzen, können im Einzelfall zwar helfen und erfreuen sich vor allem bei Herkunftsstaaten großer Beliebtheit, sind aber für die einfache Gleichung der gegenseitigen Anerkennung der Kulturgutschutznormen eigentlich entbehrlich und stellen bei derzeit 127 Vertragsstaaten der Konvention nur hinderliche bürokratische Hürden dar.

Die gegenseitige Anerkennung der Kulturgut schützenden nationalen Vorschriften entbindet freilich nicht von der Notwendigkeit, dass der ersuchende Staat den Nachweis erbringt, dass das entsprechende Kulturgut tatsächlich geschützt ist und nach dem entsprechenden Zeitpunkt des Inkrafttretens der Konvention für beide Staaten, den ersuchenden und den ersuchten Staat, ausgeführt wurde. Denn erst ab diesem Zeitpunkt gilt völkerrechtlich die UNESCO-Konvention von 1970 für beide Staaten. Hier werden auch mit einem neuen Gesetz in Deutschland Anwendungsschwierigkeiten bestehen bleiben, denn der Beweis kann unter Umständen im Einzelfall problematisch, wenn nicht sogar unmöglich sein. Umso wichtiger ist, dass – ohne eine Beweislastumkehr einzuführen, die zwar teilweise gefordert wird, aber nicht mit der UNESCO-Konvention von 1970 und den allgemeinen Regeln des Völkerrechts vereinbar ist – der Besitzer darlegen kann, seit wann er das jeweilige Kulturgut in Besitz hat. Hier kann eine einfache notarielle Beglaubigung ausreichen. Der Umstand, dass die neue Richtlinie 2014/60/EU Sorgfaltspflichten, die – wie ausgeführt – auch die UNIDROIT-Konvention von 1995 nahezu wortgleich enthält, legt nahe, dass beim Erwerb von Kulturgut bestimmte Sorgfaltspflichten, wie der Nachweis über die Herkunft des Kulturgutes, der erforderlichen Ausfuhrgenehmigungen und die Einsichtnahme in zugängliche Verzeichnisse, wie beispielsweise die INTERPOL-Datenbank, eingehalten werden müssen. Ohne Sorgfaltspflichten kein Handel. Die Einführung von klaren gesetzlichen Sorgfaltspflichten hat beispielsweise in der Schweiz seit 2005 zu steigenden Umsätzen im dortigen Kunsthandel geführt – die strengen Sorgfaltspflichten, die bei Verstoß mit hohen Geldstrafen geahndet werden, werden sogar als Wettbewerbsvorteil gegenüber anderen Kunsthandelsstandorten, wie Deutschland oder Österreich, vermarktet. Gleichzeitig erhöhen sie die Rechtssicherheit für alle Beteiligten und die Reputation des Kunsthandelsstandorts, auch unter dem Aspekt des Verbraucherschutzes: Im Berichtszeitraum 2008 bis 2013 wurden wiederholt Fälschungen entdeckt, teilweise machte der Anteil der Fälschungen zwischen 30 und 50 % der fraglichen Kulturgüter aus, die Gegenstand der Rückgabeersuchen waren. Ein Verbraucher muss sich sicher sein können, dass der Kunsthändler, bei dem er ein Objekt erwirbt, mit der notwendigen Sorgfalt bei Prüfung der Echtheit und rechtmäßiger Herkunft vorgegangen ist.

V. Fazit und Ausblick

Die Erwartungen an die Novellierung des Kulturgutschutzes in Deutschland sind hoch. Schon jetzt ist aber klar, dass auch ein neues Gesetz nicht alle Probleme lösen kann. Zwar können gesetzliche Ein- und Ausfuhrbestimmungen und Regelungen zu Sorgfaltspflichten den erforderlichen Rahmen setzen und derzeitige Defizite beheben, aber entscheidend ist die effektive Anwendung des Gesetzes durch die Behörden, vor allem durch den Zoll und die Ermittlungsbehörden, aber auch durch Staatsanwaltschaften und Gerichte. Das beste Gesetz nützt nichts, wenn es nicht entsprechend angewendet und ausgelegt wird. Die Novellierung ist hier erst der Anfang eines Umdenkens aller Akteure hin zu einem verbesserten Kulturgutschutz in Deutschland.

Mit der Novellierung des Kulturgutschutzes in Deutschland fehlt dann aber immer noch ein ganz wesentliches Element: Aufgrund des EU-Binnenmarktes können nicht nur Waren und Dienstleistungen frei in der EU zirkulieren, sondern auch illegal in die EU eingeführtes Kulturgut. Zwar besteht ein Ein-, Ausfuhr- und Handelsverbot in der EU für Kulturgut aus dem Irak seit 2003[9] und aus Syrien seit 2013,[10] aber unrechtmäßig ausgeführtes Kulturgut anderer Staaten kann ungehindert in den EU-Binnenmarkt gelangen und kann hier frei zirkulieren. Nötig ist daher, dass

---

9 EG-Verordnung Nr. 1210/2003 des Rates vom 7. Juli 2003 über bestimmte spezifische Beschränkungen in den wirtschaftlichen und finanziellen Beziehungen zum Irak und zur Aufhebung der EG-Verordnung Nr. 2465/1996 (ABl. L 169/6 vom 8. Juli 2003).

10 EU-Verordnung Nr. 1332/2013 des Rates vom 13. Dezember 2013 zur Änderung der EU-Verordnung Nr. 36/2012 über restriktive Maßnahmen angesichts der Lage in Syrien (ABl. L 335/3 vom 14. Dezember 2013).

die EU die schon bestehende Regelung der EG-Verordnung Nr. 116/2009[11] zur Ausfuhr von Kulturgut aus dem Binnenmarkt durch eine Regelung zur Einfuhr von Kulturgut in den Binnenmarkt komplementiert. Ohne eine solche Regelung können vor allem diejenigen der derzeit 23 EU-Mitgliedstaaten, die der UNESCO-Konvention von 1970 bereits beigetreten sind, ihrer völkerrechtlichen Verpflichtung aus der Konvention nicht nachkommen, da sie weder die Ein- noch die Ausfuhr von Kulturgut in oder aus ihrem Hoheitsgebiet aufgrund des Schengenraumes kontrollieren können. Dieser notwendige Schritt hin zu einer EU-Einfuhrregelung für den Binnenmarkt, wie sie bereits im Artenschutz oder aber im Lebensmittelbereich besteht, muss in Brüssel gelingen, um Völkerrecht und EU-Recht in Einklang zu bringen. Was ebenfalls noch aussteht ist die Ratifikation der UNESCO-Konvention von 1970 durch die fünf EU-Mitgliedstaaten, die der Konvention bisher noch nicht beigetreten sind: Österreich, Irland, Lettland, Luxemburg und Malta. Der Beitritt allein reicht aber nicht aus, wie das Beispiel Frankreich zeigt, wo trotz erfolgter Ratifikation bereits im Jahre 1997[12] und damit deutlich vor Deutschland, bis heute kein Gesetz zur Umsetzung der UNESCO-Konvention von 1970 verabschiedet wurde. In Frankreich finden die Regelungen der Konvention daher bisher gar keine Anwendung, denn anders als im EU-Recht, wo bei Nichtumsetzung der entsprechenden EU-Richtlinie diese unmittelbar im Mitgliedstaat gilt, verfügt das Völkerrecht und damit die hier vorliegende UNESCO-Konvention von 1970 nicht über einen derartigen direkten Durchgriff. Auch eine schwer praktikable und damit halbherzige Umsetzung, wie die des Kulturgüterrückgabegesetzes von 2007, reicht nicht aus, wie die Rechtspraxis der letzten Jahre in Deutschland gezeigt hat. Die derzeitige Novellierung des Kulturgutschutzes will die bestehenden Defizite nun beheben und soll die notwendigen gesetzlichen Regelungen schaffen, um den Kulturgutschutz in Deutschland effektiv und nachhaltig zu stärken.

11 EG-Verordnung Nr. 116/2009 des Rates vom 18. Dezember 2008 über die Ausfuhr von Kulturgütern (ABl. L 39/1 vom 10. Februar 2009).

12 Décret No. 97-435 vom 25. April 1997.

Illegaler Handel mit Kulturgut aus Sicht der Polizei

Silvelie Karfeld[*]

Die dramatische Lage in Syrien und anderen Krisenregionen macht einer breiten Öffentlichkeit die bereits seit Jahrzehnten stattfindenden Plünderungen und Raubgrabungen in Museen und archäologischen Stätten offenbar. Die Ergebnisse können im Handel der Markt- und Transitstaaten – zu denen auch Deutschland gehört – schon seit vielen Jahren erworben werden.

Die zu den aktuellen Ereignissen vorliegenden Erkenntnisse beziehen sich gleichermaßen auf die Situation auch aller anderen mittels Raubgrabung und Plünderung entwendeten Kulturgüter anderer Staaten.

I. Aufgaben des BKA im Bereich Kunst- und Kulturgutkriminalität

- Aufbau/Betreuung der nationalen polizeilichen Verbund-Datenbank NNSACH KUNST für gestohlene Kunstwerke, Kulturgut, dubiose Angebote und Fälschungen
- Bewertung und Recherche von Objekten in der NNSACH KUNST, der Interpol-Datenbank ASF-WOA auf www.lostart.de sowie im Internet
- Kontakt und Kooperation mit Experten des Deutschen Archäologischen Instituts (DAI), der Stiftung Preußischer Kulturbesitz (SPK), von Museen und Universitäten
- Unterstützung und Beratung von Polizei- und Zolldienststellen im In- und Ausland u.a. bei
  * Ermittlungen (Kunst, Organisierte Kriminalität etc.)
  * Durchsuchungen
  * Überprüfungen von Messen und Auktionskatalogen
- Erhebung, Auswertung und Analyse bereichsspezifischer Informationen
- Gremienarbeit

---

* Silvelie Karfeld, SO17 Kunst- und Kulturgutkriminalität.

II. Interpol-Datenbank

Das Interpol-Generalsekretariat in Lyon betreibt eine internationale Datenbank für gestohlene, geplünderte oder gefälschte Kunstgegenstände, die „Automated Search Facility – Works of Art“ (ASF-WOA).

In der Datenbank werden Diebstahlsmeldungen von Kunstwerken und Kulturgütern aller 190 Mitgliedsländer der internationalen Polizeiorganisation registriert. Mithilfe dieser Datenbank sind seit Bestehen der Kunstfahndung bei Interpol bereits zahlreiche Objekte sichergestellt und Sachverhalte aufgeklärt worden.

Seit 2009 kann auf die Datenbank über das Internet zugegriffen werden. Eine Recherche ist für jedermann kostenlos und unbürokratisch nach entsprechender Registrierung über einen Link auf der Webseite möglich:

www.Interpol.int/Crime-areas/Works-of-art/Works-of-art

Die Recherche privater, wirtschaftlich orientierter Datenbanken erfolgt nach anderen Maßgaben und Kriterien als die polizeiliche. So wird in der privaten Datenbank in der Regel erst ab einem Preis von mehreren tausend Euro recherchiert. Insbesondere angesichts des gerade bei Auktionen oft unter dem Wert von 1.000 € liegenden Aufrufpreises fällt die überwiegende Zahl von Kulturgütern nicht darunter.

Zu beachten ist zudem, dass naturgemäß Objekte aus Raubgrabungen dort nicht registriert sein können.

Eine umfassende Provenienzrecherche beinhaltet daher angesichts der vielen hunderttausend geplünderten Objekte zwangsläufig die Prüfung der mit dem Objekt vorgelegten Dokumente. Ein legal gehandeltes Kulturgut verfügt in aller Regel über eine entsprechende Dokumentation, mindestens aber über ein Dokument des Herkunftslandes, welches die Ausfuhr genehmigt.

III. Legal gehandeltes Kulturgut

Was sind Indizien für legal gehandeltes Kulturgut?

- *Fundort und Herkunftsland sind bekannt*
  Für eine archäologische Grabung ist eine Lizenz des Landes erforderlich. Jedes Objekt wird beschrieben, in Grabungsbüchern registriert, gezeichnet oder fotografiert.

- *Offizielle Registrierung und Entscheidung über den Verbleib*
  Das Kulturgut wird staatlich erfasst und nummeriert, kommt in ein Lager oder in ein Museum, wo es offiziell und fachmännisch restauriert und ausgestellt oder im Archiv aufgehoben wird. Der Verbleib wird schriftlich dokumentiert. Auch Objekte, die im Wege der Fundteilung von den Archäologen mitgenommen werden dürfen, sind dokumentiert.
- *Publikation oder Ausstellungskatalog zu herausragenden Funden*
  Besondere Objekte werden in der Regel von Archäologen wissenschaftlich bewertet und publiziert.
- *Ausfuhrgenehmigung des Herkunftslandes*
  Darf entgegen der generellen Ausfuhrverbote der meisten Herkunftsländer doch ein Objekt ausgeführt werden, so bedarf es einer Ausfuhrgenehmigung, bei der Einfuhr in das Land des Käufers eines Zollbelegs.
- *Zolleinfuhrbeleg*
  In der EU wurde die Zollfreiheit erst 1968 für einen kleinen Kreis von Mitgliedsstaaten eingeführt. Wenn zur Quelle des Objektes eine Privatsammlung vor 1970 angegeben wird, müssen also aus den meisten Ländern Zolleinfuhrbescheinigungen vorhanden sein.
- *Nachweis alter Sammlung*
  Alte Sammlungen sind ebenfalls durch Aufzeichnungen, Inventare, Fotografien oder Zitate in alten wissenschaftlichen Arbeiten belegt.
- *Rechnungen und andere Belege*
  Kaufbelege, Restaurierungen, Expertisen etc.

IV. Illegal gehandeltes Kulturgut

Was verbirgt sich also hinter der riesigen Zahl herausragender antiker Objekte, die ohne jeden Nachweis ihrer legalen Provenienz feilgeboten werden?

Wenn man dabei die Bilder der Zerstörung archäologischer Stätten, der abertausenden Raubgrabungs-Löcher daneben sieht?

In Syrien, im Irak, Ägypten und anderen Ländern verschwinden neben geplündertem Museumsgut hunderttausende unregistrierter Objekte. Im Handel, auf Auktionen, Antikenmessen und Internet-Plattformen tauchen sie wieder auf, ohne nachvollziehbare legale Provenienz, oft mit verschleierter Herkunftsregion.

V. Situation auf dem Markt

Die Verkäufer illegal gehandelter Ware wissen, dass ein Staat nur Anspruch auf die Rückgabe geltend machen kann, wenn er nachweist, dass das betreffende Objekt innerhalb der eigenen Staatsgrenzen entwendet wurde. Deshalb wird als kulturelle Provenienz zumeist nur die antike Kultur oder Region genannt, die sich in der Regel heute auf mehrere Staaten verteilt. Aus dem Irak wird „Mesopotamien", aus Syrien oder Jemen „südarabisch" oder „östlicher Mittelmeerraum".

Bei einem aus einer legalen Grabung stammenden Objekt ist jedoch der Fundort bekannt und dokumentiert.

VI. Bedeutung für die Kriminalität

Faktoren, die die Bedeutung des illegalen Handels mit antikem Kulturgut für kriminelle Akteure und Organisationen erklären, sind:

- Kulturgüter sind über Jahrzehnte bzw. Jahrhunderte wertstabil bzw. steigen im Wert. Sie können über Jahre oder Jahrzehnte gelagert werden. Das macht sie zu einem idealen Investitionsobjekt.
- Sie sind weltweit handelbar.
- Sie sind in der Regel gut zu transportieren oder können zu Transportzwecken zerbrochen und später wieder zusammengefügt werden.
- Kulturgüter haben keine Individualnummern.
- Parallelität des legalen Handels mit Kulturgütern bzw. mit Kunsthandwerk zum illegalen Handel: Authentische und illegal gehandelte oder gefälschte Objekte werden in einer Sendung transportiert und in der gleichen Auktion, Geschäftsauslage oder Internet-Plattform gehandelt.
- Minimales Risiko bei maximaler Gewinnspanne: Das Verhältnis von Entlohnung des Raubgräbers zur Gewinnspanne des Hehlers, der das Objekt in den legalen Markt einschleust, beträgt laut einer beispielhaften Studie[1] 1: 5.000. Es gibt meist nur wenige (ein bis zwei) Zwischenstufen zwischen dem „Dieb" und dem Endhändler. Erhält der Raubgräber für ein Konvolut archäologischer Objekte also 1.000 €,

---

1 *Neil Brodie*, University of Glasgow, Scottish Center for Crime and Justice Research, Vortrag 11. Dezember 2014, Berlin, Altes Museum, „Transnational Organised Crime and the Antiquities Trade".

kann der Endverkäufer dieses für 5 Millionen € an ein Museum verkaufen.

Der Handel mit Drogen oder Waffen ist grundsätzlich inkriminiert, sodass jeder Zoll- oder Polizeibeamte Rauschgifte oder Schusswaffen direkt ohne profunde Kenntnisse beschlagnahmen kann. Der Handel mit Kulturgütern dagegen ist nicht per se illegal. So darf beispielsweise mit rechtmäßig erworbenem Kulturgut, Kulturgut mit Ausfuhrgenehmigung des Herkunftslandes oder mit oft nahezu identisch aussehendem Kunsthandwerk gehandelt werden.

Es ist also eine Prüfung der Objekte und ggf. ihrer Begleitdokumente selbst erforderlich sowie in der Regel eine – angesichts des Zeitdrucks beim Umschlag großer Warenströme – schnelle Entscheidung des kontrollierenden Beamten.

Kulturgüter müssen keine Papiere mitführen, die ihren Eigentumsstatus ausweisen. Die Nachweispflicht bzgl. des Eigentumsstatus des Objektes bzw. des illegalen Handels obliegt dem Staat. Daraus sowie aus der Natur der Objekte selbst ergibt sich das Erfordernis einer aufwändigen Prüfung.

VII. Aufwändige Prüfung

Nach einer Beschlagnahme oder dubioser Offerte von archäologischen Objekten sind etliche Fragen meist mit viel Aufwand zu klären:

- Identität des Objekts?
- Sind ordnungsgemäß zustande gekommene Papiere vorhanden?
- Wie ist die Rechtslage der potentiellen Herkunftsstaaten?
- Wie ist die Rechtslage in Deutschland?

Die systematische Überprüfung beinhaltet folgende Schritte:

1. Identität und Provenienz

- Um was für ein Objekt handelt es sich?
- Welcher Kultur ist das Kulturgut zuzuordnen?
- Welcher Experte muss hinzugezogen werden?

  Für diese Einordnung ist die Zusammenarbeit mit zuverlässigen und neutralen Experten erforderlich. Das BKA arbeitet seit vielen Jahren mit Experten des Deutschen Archäologischen Instituts, der Stiftung Preußischer Kulturbesitz sowie Experten anderer Museen und Universitäten erfolgreich zusammen.

- Ist die geschilderte Provenienz glaubhaft?
  Kulturregionen der Geschichte sind nur selten identisch mit heutigen Staatengrenzen. Ohne eindeutige Inschriften oder geographisch eng umgrenzte Kulturen ist meist keine Zuordnung zu nur einem heutigen Staat möglich. Das erschwert die Einleitung eigentumssichernder Maßnahmen bzw. im späteren Verlauf die Klärung des berechtigten Anspruchstellers. Gleichwohl existieren in Staaten einer Region oftmals ähnliche Regelungen zu Schatzregal und Ausfuhrgenehmigungen.

2. Authentizität

Erkenntnisse aus verschiedenen Verfahren der letzten Jahre belegen, dass im Handel befindliche Objekte vieler Kulturen bis zu 50 % gefälscht sind. Es gab und gibt in den Herkunftsländern etliche Fälscherwerkstätten, deren Methoden sich immer weiter verfeinern, sodass oft mit bloßem Auge der Nachweis der Echtheit nicht mehr erbracht werden kann.

Gefälschte Objekte oder minderwertige Originale werden mit der entsprechenden Legende auf den Markt gebracht bzw. im kriminellen Milieu zum Kauf angeboten.

Auch zur Beurteilung der Authentizität sind zuverlässige Experten wichtig. Von ihren Feststellungen hängt auch die Einstufung des strafrechtlich relevanten Verhaltens ab. Handelt es sich um ein illegal gehandeltes Objekt oder einen Betrugsversuch?

3. Fahndung

Zunächst erfolgt die Prüfung der nationalen Datenbank und der Fahndungsdatenbank von Interpol hinsichtlich einer Diebstahlsmeldung. In den zurückliegenden Jahren konnten so schon viele Objekte aus registrierten Straftaten sichergestellt werden.

Bei der hohen Zahl der Raubgrabungen lässt die Aussage, dass ein Kulturgut nicht als gestohlen registriert ist, jedoch keinen Rückschluss auf den legalen Erwerb zu. Denn diese Objekte sind konsequenterweise nirgends registriert und inventarisiert.

Stammt das Objekt nicht aus einem registrierten Diebstahl, schließt sich die Prüfung der zur Verfügung stehenden Sachbeweise an.

4. Rechtliche Fragen

Auch die juristische Lage ist derzeit noch sehr komplex und schwierig. Verschiedene Rechtsgebiete vom Zivil- über das Strafrecht bis hin zum Verwaltungsrecht sind tangiert. Lösungen, insbesondere zur Problematik des Erfordernisses eindeutiger Provenienz, sind noch in der Diskussion. Ermittler und Staatsanwaltschaft müssen prüfen, ob dem Anbieter Hehlerei nachgewiesen werden kann bzw. ob ein gutgläubiger Erwerb in der Handelskette ausgeschlossen werden kann. An das Vorliegen einer kriminellen Vortat schließt sich auch die Frage der Geldwäsche an.

Zivilverfahren, die jedem Eigentümer offenstehen, sind für viele Herkunftsländer finanziell, logistisch oder aufgrund einer Krisensituation nicht zu leisten.

Derzeit werden im weit überwiegenden Prozentsatz der Fälle die Objekte an den Letztbesitzer herausgegeben, etwaige Verfahren eingestellt.

VIII. Folgen des illegalen Handels in Deutschland

Auswertungen in- und ausländischer Verfahren, Berichte und Erkenntnisse sowie das Internet belegen, dass Deutschland seit Jahren bzw. Jahrzehnten ein etablierter und wachsender Markt für den illegalen Handel mit Antiken mit entsprechend hohem Umsatz ist.

IX. Schatzsuche auch in Deutschland

Es darf nicht vergessen werden, dass auch in Deutschland Schatzsuche in großem Umfang stattfindet. Zahlreiche wertvolle Kulturgüter werden illegal ausgegraben und auf den Markt gebracht, wie die Himmelsscheibe von Nebra oder der jüngste Schatzfund durch einen illegalen Sondengänger in Rheinland-Pfalz eindrucksvoll belegen.

X. Prämissen für Eindämmung

Wie kann aktuell dieser Kriminalität entgegengewirkt werden?
Jeder Käufer kann durch seine Kaufentscheidung dem illegalen Handel mit Kulturgut eine Absage erteilen und ihn so unattraktiv machen sowie den legalen Handel in Deutschland stärken.

Eine conditio sine qua non sollte dabei der Nachweis der legalen Provenienz sein.
Was können die staatlichen Behörden leisten?

1. Zusammenarbeit mit Institutionen

Für Strafverfolgungsbehörden sind die enge Zusammenarbeit mit Polizeidienststellen anderer Länder und mit unabhängigen Experten unverzichtbare Elemente der Kriminalitätsbekämpfung. Spezialisierte Experten können illegal gehandeltes Kulturgut identifizieren und Fälschungen erkennen. Sie verfügen über wichtige Kontakte in die Herkunftsländer.

Auch die gute Kooperation mit dem Auswärtigen Amt, den Botschaften verschiedener Länder sowie den Verbindungsbeamten des Bundeskriminalamts im Ausland tragen zum Erfolg bei.

2. Aufklärungsarbeit

Ein wichtiges Anliegen der Polizei ist die Prävention, die Aufklärung der Bevölkerung. Die derzeit intensive mediale Aufbereitung des Themas hat viel dazu beigetragen. Sammler und Öffentlichkeit sind über den illegalen Handel und die vielen Objekte aus Raubgrabungen informiert.

Weitere Beispiele für eine gute Aufklärungsarbeit sind auch die Ausstellung Kriminalarchäologie des Römisch-Germanischen Zentralmuseums in Zusammenarbeit mit dem Hessischen Landeskriminalamt und dem BKA, der Flyer des Auswärtigen Amtes sowie die Plakate anlässlich des Tags der offenen Tür des BKA, zuletzt 2013.

Wirksamer Kulturgüterschutz in Deutschland? Erfahrungen aus der anwaltlichen Praxis

*Robert Kugler**

Dieser Beitrag soll anhand der aktuellen Rechtsprechung darstellen, ob die derzeitige deutsche Gesetzgebung im Bereich des Kulturgüterschutzes dem rechtsuchenden Ursprungsstaat eines gestohlenen oder unrechtmäßig exportierten Kulturguts ein wirksames Instrumentarium zur Verfügung stellt, um dieses zurückzuerlangen. Im besonderen Fokus der Betrachtung soll der Umgang mit Kulturgütern liegen, die durch Raubgrabungen, also ohne Wissen der Behörden der Ursprungsländer, entdeckt und illegal außer Landes geschafft wurden.

I. Reformbedarf

Die Verdichtung der internationalen und nationalen Bestimmungen im Bereich des Kulturgüterschutzes im Laufe der vergangenen Jahrzehnte reflektiert den Bewusstseinswandel, der sich in Bezug auf die Zeugnisse der kulturellen Vergangenheit der Nationen und damit der Menschheit vollzogen hat. Kulturgüter waren lange begehrte Sammelobjekte. Die großen Universalmuseen der Welt zeugen von der großen Leidenschaft und Dynamik, mit der solche Sammlungen aufgebaut wurden. Mit der Entwicklung der Altertumswissenschaften, wie der Archäologie, wuchs jedoch im gleichen Maß das Verständnis um den erheblichen immateriellen Wert, den Kulturgüter, wie z.B. archäologische Objekte, verkörpern. Heute steht das durch den Fundzusammenhang übermittelte Wissen mehr im Vordergrund als die ästhetischen oder dekorativen Qualitäten eines Objekts. So sind es häufig gerade vermeintlich unbedeutende Objekte, die bahnbrechende Erkenntnisse über die Vergangenheit vermitteln können.

Der Umgang mit Kulturgütern steht also im Spannungsverhältnis dieser gegenläufigen Interessen. Während aus wissenschaftlichen Erwägungen ein möglichst umfassender Schutz von archäologischen Stätten notwendig

---

* Rechtsanwalt Robert Kugler, Höly Rauch & Partner, Berlin.

und wünschenswert wäre, Ausgrabungen und Eingriffe also nur unter qualifizierter Aufsicht vorzunehmen wären, ist das Sammeln von archäologischen Objekten und sonstigen Kulturgütern beliebter denn je. Steigender Wohlstand und neue Vermarktungsmöglichkeiten, insbesondere durch das Internet, erhöhen den Druck auf den eigentlich beschränkten Markt der bereits in der Vergangenheit ausgegrabenen Objekte und führen dazu, dass die ständig wachsende Nachfrage nicht zuletzt mit Objekten befriedigt wird, die unter Ausnutzung von Unzulänglichkeiten oder Krisen in den Ursprungsländern illegal ausgegraben werden. Folglich vernimmt man auf rechtlicher Ebene Forderungen nach einem generellen Handelsverbot für Kulturgüter und deren umfassender Rückführung in ihre Ursprungsländer, unabhängig von gewachsenen rechtlichen, historischen und politischen Entwicklungen. Gegenläufig hierzu wird eingewandt, die derzeit geltenden Bestimmungen seien mehr als ausreichend. Jegliche weitere Einschränkung würde in unzulässiger Weise in garantierte Grundrechte wie das Eigentum oder die Berufsausübungsfreiheit eingreifen.

In einer Sonderausgabe des Magazins des Deutschen Archäologischen Instituts „Archäologie Weltweit" aus dem Monat September 2014[1], sind mögliche Anknüpfungspunkte zur Einschätzung des Regelungsbedarfs aufgezählt. Unter der Überschrift „Illegaler Handel und die Herausforderungen" heißt es:

- „Der illegale Handel mit unschätzbaren Kulturgütern gilt als drittgrößter illegaler Markt nach Drogen und Waffen. Sein Gesamtvolumen wird heute auf 10 Milliarden US-Dollar geschätzt."
- „Dieser illegale Handel mit Kulturgütern wächst rasant, keine Region der Erde ist heute noch verschont."
- „Der Kulturgüterschutz ist eine Herausforderung der internationalen Staatengemeinschaft."
- „Darüber hinaus ist es notwendig – auch in Deutschland - Instrumente zu entwickeln, die den illegalen Handel mit Kulturgütern wirksam unterbinden. Dabei sind nicht nur Rechtsfragen zu klären, sondern auch Fragen darüber, wie Informationen über geraubte Kulturgüter gesammelt, strukturiert und weitergegeben werden können und welcher Art diese Informationen sein müssen."

Diese Feststellungen definieren also die Notwendigkeiten auf rechtlicher Ebene. Zum einen gilt es also, die veränderten Rahmenbedingungen in

1 Archäologie Weltweit Sonderausgabe, Magazin des Deutschen Archäologischen Instituts, 2. Jahrgang/ 9 2014, S. 12.

Bezug auf die weltweit gewachsene Nachfrage nach Antiquitäten und archäologischen Artefakten anzuerkennen. Weiterhin muss konstatiert werden, dass die „Gewinnung“ von archäologischen Objekten immer mehr von Gruppen betrieben wird, die den Zerfall der staatlichen Ordnung in einigen Ursprungsländern ausnutzen. Syrien, Afghanistan oder der Irak sind aktuelle Beispiele hierfür; aber auch in funktionierenden Staaten betätigen sich immer häufiger Elemente der organisierten Kriminalität in der Beschaffung und Vermarktung von Kulturgütern. Anders als beim Handel mit Waffen oder Betäubungsmitteln, deren Beschaffung, Vertrieb und Vermarktung sich bis zum Endabnehmer im kriminellen Milieu abspielen, werden hier Strukturen etabliert, die Kulturgüter unrechtmäßiger Herkunft legalen Vertriebswegen zuführen und dabei vom komplexen rechtlichen Labyrinth profitieren. So lautete auch der Titel einer Konferenz[2], zu der der Beauftrage der Bundesregierung für Kultur und Medien bereits im Oktober 2006 Experten nach Bonn einlud: „Im Labyrinth des Rechts? – Wege zum Kulturgüterschutz“. Kriminologen illustrieren übrigens dieses Phänomen mit dem Bild des Januskopfs.[3] Maßnahmen im Rahmen des Kulturgüterschutzes sind folglich wirksam, wenn sie geeignet sind:

- aktuelle und künftige Bedrohungen für die Integrität des kulturellen Erbes eines Landes wirksam zu beseitigen. Dies gilt insbesondere wenn sie geeignet sind, Trophäenjagd und Raubgrabungen wirksam zu unterbinden, sei es in Kriegs- und Krisengebieten oder in funktionierenden Staaten;
- die Möglichkeit des Inverkehrbringens von Kulturgütern aus illegalen Quellen in den legalen Markt zu unterbinden. Hierbei kommt es insbesondere auf Transparenz in Bezug auf die Provenienz der Gegenstände an. Diese Transparenz zu gewährleisten, ist eine der zentralen Aufgaben der anstehenden Novelle.

II. Gesetzgebungsquellen

Zunächst ist festzustellen, dass eine umfassende Kulturgutschutzgesetzgebung in Deutschland im eigentlichen Sinne nicht besteht. Kulturgutschutz stellt rechtlich betrachtet eine Querschnittsmaterie dar, deren wichtigste

---

2 Vgl. Schoen/Baresel-Brand, Im Labyrinth des Rechts? Wege zum Kulturgüterschutz, Magdeburg, 2007.

3 Mackenzie/ Davies, Temple Looting in Cambodia: Anatomy of a Statue Trafficking Network, British Journal of Criminology, 2014, Vol. 54 (5), S. 740 ff.

Elemente im Völkerrecht verankert und auf nationaler Ebene, öffentlichrechtlich umgesetzt sind. Zu den multilateralen Abkommen mit der höchsten Akzeptanz zählen die Haager Konvention zum Schutz von Kulturgut bei bewaffneten Konflikten vom 14. Mai 1954[4] sowie das UNESCO-Übereinkommen über Maßnahmen zum Verbot und zur Verhütung der rechtswidrigen Einfuhr, Ausfuhr und Übereignung von Kulturgut vom 14. November 1970. Dieses Abkommen wurde in Deutschland erst im Jahre 2007 durch das sogenannte Kulturgüterrückgabegesetz in nationales Recht umgesetzt.[5] Auf europäischer Ebene stehen folgende Instrumente zur Verfügung: EWG-Verordnung Nr. 3911/92 des Rats vom 9. Dezember 1992 über die Ausfuhr von Kulturgütern sowie die Richtlinie 2014/60/EU des Europäischen Parlaments und des Rates vom 15. Mai 2014 über die Rückgabe von unrechtmäßig aus dem Hoheitsgebiet eines Mitgliedsstaats verbrachten Kulturgütern und zur Änderung der EU-Verordnung Nr. 1024/2012 (Neufassung).[6] Ferner sieht Art. 36 des Vertrags über die Arbeitsweise der Europäischen Union (AEUV)[7] Beschränkungen der Warenverkehrsfreiheit in Bezug auf nationales Kulturgut von künstlerischem, geschichtlichem oder archäologischem Wert vor. Schließlich gilt seit dem 10. Januar 2015 ein besonderer Gerichtsstand für Kulturgüter gemäß Art. 7 Nr. 4 EuGVO in der Fassung der EU-Verordnung Nr. 1215/2012 des Europäischen Parlaments und des Rates vom 12. Dezember 2012 (EuGVO n.F.)[8] Die Vielzahl an internationalen Abkommen, insbesondere die Ratifizierung des UNESCO-Übereinkommens von 1970 durch mittlerweile 128 Vertragsstaaten[9], zeigt, dass das kulturelle Erbe der Nationen als ein international geschütztes Rechtsgut betrachtet werden kann.

Mit Fragen der Restitution von Kulturgütern sieht sich aber auch die ordentliche Gerichtsbarkeit konfrontiert. Hierbei stehen besonders Herausgabeklagen der Ursprungsländer nach § 985 BGB in ihrer Eigenschaft als Eigentümer kraft ihres eigenen Gesetzes gegen einen Besitzer von Kulturgütern im Vordergrund. Auf strafrechtlicher Ebene lassen sich im Inland begangene Fundunterschlagungen oder Hehlereihandlungen ahnden. Jüngst ist auch das Instrumentarium zur Vermögensabschöpfung der

4 BGBl. II 1967, S. 1233 ff.

5 BGBl. I 2007 S. 757, 2547.

6 ABl. L 159 vom 28. Mai 2014, S. 1 ff.

7 (Konsolidierte Fassung) Amtsblatt Nr. C 326 vom 26. Oktober 2012, S. 1 ff.

8 ABl. L 351 vom 20. Dezember 2012, S. 1 ff.

9 Stand 3. Februar 2015, http://www.unesco.org/eri/la/convention.asp?KO=13039&language=E

Strafprozessordnung Gegenstand der Rechtsprechung in Deutschland geworden.

III. Verwaltungsgerichtsbarkeit

Im Bericht der Bundesregierung zum Kulturgutschutz in Deutschland vom 26. April 2013[10] wird festgestellt, dass trotz zahlreicher Klagen, eine Rückgabe von Kulturgut auf Grundlage des Kulturgüterrückgabegesetzes bisher nicht erfolgte. Unabhängig davon, ob daraus der Schluss zu ziehen ist, dass es sich um eine unzureichende gesetzliche Bestimmung handelt oder dass dadurch bewiesen wird, dass es keinen ausufernden Markt mit Kulturgütern in Deutschland gibt, bleibt eine Analyse der Erfahrungen mit diesem zentralen Kulturgutschutzgesetz notwendig.

Im Jahre 2008 scheiterte die Tschechische Republik in ihrem Bemühen, ein im Oktober 2000 aus einer böhmischen Kirche entwendetes Taufbecken aus dem 18. Jahrhundert, das im Oktober 2003 in München auf einer Kunstmesse zum Verkauf angeboten wurde, zu restituieren. Mit Urteil vom 31. Juli 2008 zu Az. M 17 K 06.3644[11] lehnte das Verwaltungsgericht München eine Herausgabe ab. Die Klage scheiterte schon an der Anwendbarkeit des Gesetzes mangels Mitgliedschaft der Klägerin in der Europäischen Union zum relevanten Zeitpunkt. Eine Klage gemäß den Bestimmungen für Vertragsstaaten der UNESCO-Konvention von 1970 war damals nicht möglich, da diese erst später in Deutschland ratifiziert wurde. Für Aufmerksamkeit sorgten dabei insbesondere die Ausführungen des Gerichts zum richtigen Beklagten einer Rückgabeklage. Nicht der Freistaat Bayern – der das Taufbecken durch das Landeskriminalamt sichergestellt hatte – war der richtige Beklagte, sondern der Kunsthändler als letzter Gewahrsamsinhaber vor der Sicherstellung. Das Gericht legte den Begriff des Rückgabeschuldners des § 7 Abs. 2 KultGüRückG so aus, dass darunter durchaus eine natürliche oder juristische Person zu verstehen sei. Ein eventuell bestehendes öffentlich-rechtliches Verwahrungsverhältnis, das durch das Einschreiten der Behörden begründet war, habe demnach keine Relevanz.

Die Italienische Republik scheiterte mit ihrer Klage auf Herausgabe eines antiken Kegelhelms aus Bronze. Dieser sollte nachweislich aus Raub-

---

10 BT-Drucksache 17/13378 vom 29. April 2013.

11 VG München, Urteil vom 31. Juli 2008 – M 17 K 06.3644 –, juris.

grabungen in Apulien stammen, die im Jahre 1993 durchgeführt worden waren und befand sich in Besitz eines privaten Sammlers. Der Helm wurde 2003 auf ein italienisches Rechtshilfeersuchen hin durch die Staatsanwaltschaft Berlin beschlagnahmt und 2004 der Stiftung Preußischer Kulturbesitz zur fachgerechten Lagerung übergeben. Nachdem Verhandlungen über die Herausgabe des Helms an Italien scheiterten, verklagte die Italienische Republik die Stiftung Preußischer Kulturbesitz, das Land Berlin sowie den Testamentsvollstrecker des Erben des zwischenzeitlich verstorbenen Sammlers auf Herausgabe des Helms. Mit Urteil vom 9. Dezember 2010[12] wies das Verwaltungsgericht Berlin die Klage vollumfänglich ab, da der geltend gemachte Klaganspruch verjährt sei. Nach § 11 Abs. 1 KultGüRückG verjähre der Rückgabeanspruch eines ersuchenden Staates innerhalb eines Jahres von dem Zeitpunkt an, in dem dessen Behörden von dem Ort der Belegenheit und der Person des Rückgabeschuldners Kenntnis erlangen. Diese Verjährungsfrist habe bereits 2002 zu laufen begonnen. In Bezug auf die Klage gegen die Stiftung Preußischer Kulturbesitz und das Land Berlin sei die Klage von vornherein erfolglos, da diese im rechtlichen Sinne keine Sachherrschaft über den Helm ausübten und diesen somit nicht herausgeben könnten.

Gingen zunächst zahlreiche Staaten davon aus, dass der Beklagte im Rahmen einer Herausgabeklage stets die Gebietskörperschaft zu sein hatte, deren Behörden durch Beschlagnahme oder Sicherstellung handelten, so festigte sich die Rechtsprechung dahingehend, dass Beklagter eine natürliche oder juristische Person des Privatrechts sein konnte. Damit entstand eine für die Verwaltungsgerichtsbarkeit eher unübliche Parteikonstellation, wonach ein ausländischer Staat eine Person des Privatrechts verklagt. Außergerichtlich sieht das Gesetz in § 4 unter der amtlichen Überschrift „Rückgabeanspruch gegen andere Vertragsstaaten“ den diplomatischen Weg für die Geltendmachung des Anspruchs auf Rückgabe vor. Das bedeutet, ein die Herausgabe begehrender Vertragsstaat kommuniziert mit der jeweiligen deutschen Behörde mittels diplomatischer Noten, die durch das Auswärtige Amt übermittelt werden. Scheitern die Bemühungen im Rahmen dieses Verfahrens eine Rückgabe zu erreichen, so hat ein Vertragsstaat nach § 13 des Gesetzes die Möglichkeit eine Rückgabeklage auf dem Verwaltungsgerichtsweg gegen den privaten Rückgabeschuldner zu

12 VG Berlin, Urteil vom 9. Dezember 2010 – 1 A 199.08 –, juris; auch Kunst und Recht 2011, S. 155 ff (red. Leitsatz und Gründe).

erheben. Zahlreiche Vertragsstaaten sehen in der Tatsache, dass sie sich im Rahmen einer Rückgabeklage unter Umständen mit einer Person des Privatrechts als Beklagtem auseinandersetzen müssen, ein erhebliches Defizit zu den Bestimmungen des UNESCO-Übereinkommens von 1970, welches in seinem Art. 7 Abs. b Zif. ii den angerufenen Vertragsstaat als Verpflichteten zur Durchführung der notwendigen Maßnahmen zur Rückführung eines Gegenstands benennt.

Auf erhebliche Kritik stieß ein zentrales Erfordernis des Kulturgüterrückgabegesetzes, das sogenannte „Listenprinzip“. § 6 regelt die Voraussetzungen der Rückgabepflicht. Demnach muss ein Gegenstand durch den ersuchenden Staat als besonders bedeutsam bezeichnet werden und hierzu gemäß Abs. 2 Zif 2 in ein Verzeichnis des bedeutenden öffentlichen und privaten Kulturguts aufgenommen worden sein. Darüber hinaus fordert das Gesetz, dass dieses Verzeichnis im Bundesgebiet ohne unzumutbare Hindernisse öffentlich zugänglich sein muss. Die Gesetzesbegründung nennt hierzu ein Verzeichnis im Internet, das in einer international geläufigen Sprache, vorzugsweise in Englisch oder Französisch, zu führen sei.[13]

Hierzu machte der Bayerische Verwaltungsgerichtshof München in seinem Beschluss vom 16. Juli 2010 zu Az. 7 CE 10.1097[14] in zweiter Instanz umfassende Ausführungen. Die Vereinigten Mexikanischen Staaten hatten mittels eines Antrags nach § 123 VwGO erfolglos versucht, eine einstweilige Anordnung vor dem Verwaltungsgericht München zu erlangen, wonach der Freistaat Bayern verurteilt werden sollte, mexikanische Objekte aus einem umfangreichen Konvolut präkolumbischer Artefakte nach § 8 Abs. 2 KultGüRückG anzuhalten, um einen vermeintlichen Rückgabeanspruch zu sichern. Bei der Anhaltung handelt es sich um den kulturgüterschutzrechtlichen Terminus für eine Sicherstellung oder Beschlagnahme. Zum damaligen Zeitpunkt verfügte Mexiko über kein online zugängiges Verzeichnis, weil es als wesentlichen Schutzmechanismus das Staatseigentum an präkolumbischen Artefakten kraft gesetzlichen Eigentumserwerbs betrachtet. Art. 27 des (mexikanischen) Bundesgesetzes für archäologische, künstlerische und historische Denkmäler und Flächendenkmäler vom 6. Mai 1972 (Ley Federal sobre Monumentos y Zonas Arqueológicos, Artísticos e Históricos) bestimmt, dass bewegliche und unbewegliche archäologische Monumente unveräußerliches und unersitz-

---

13 BT-Drucksache 16/1371 vom 4. Mai 2006, S.18.

14 Bayerischer Verwaltungsgerichtshof, Beschluss vom 16. Juli 2010 – 7 CE 10.1097 –, juris.

bares Staatseigentum sind.[15] Mittlerweile verfügt Mexiko über ein Onlineregister. Vergleichbare Beschlüsse erließ der Bayerische Verwaltungsgerichtshof in Parallelverfahren auch hinsichtlich der Anträge von Guatemala[16] und Kolumbien[17].

Das Urteil des Oberverwaltungsgerichts für das Land Nordrhein-Westfalen in Münster vom 13. Juli 2013[18] hob in zweiter Instanz die Anordnung der Anhaltung des Landes Nordrhein-Westfalen auf, die wiederum mexikanische archäologische Objekte betraf, die im Jahre 2011 in einem Kölner Auktionshaus zur Versteigerung gelangen sollten. Zentrale Streitfrage war hier unter anderem die Auslegung der zeitlichen Anwendungsvoraussetzungen des § 6 Abs. 2 KultGüRückG. Dort wird bestimmt, dass ein nach dem 26. April 2007 aus dem Hoheitsgebiet eines Vertragsstaats in das Bundesgebiet verbrachter Gegenstand zurückzugeben ist. Strittig war die Frage, ob der Stichtag des 27. April 2007 auch für die Ausfuhr aus dem Ursprungsland gilt oder nur die Einführungshandlung nach Deutschland betrifft, ohne vorherige Durchgangsstationen zu berücksichtigen. Andeutungen, diese könnten unerheblich sein, ergaben sich aus den Entscheidungsgründen eines Beschlusses des VG München vom 27. Januar 2010.[19] Das Gericht gelangte zu dem Schluss, dass die Ausfuhr aus dem Ursprungsland und die Einfuhr nach Deutschland nachweisbar nach dem Stichtag zu erfolgen haben. Eine gegenteilige Auffassung, insbesondere hinsichtlich der Ausfuhr, würde einen Verstoß gegen das Rückwirkungsgebot darstellen.

Das Verwaltungsgericht Osnabrück entschied mit Urteil vom 17. Mai 2011 zu Az. 1 A 187/10[20] im Rahmen einer Fortsetzungsfeststellungsklage über die Folgen einer Anhaltung des Landes Niedersachsen in Bezug auf eine antike Münze, die in einem Auktionshaus in Osnabrück im Jahre

15 Anton, Rechtshandbuch Kulturgüterschutz und Kunstrestitutionsrecht, Band 2, Zivilrecht – Guter Glaube im internationalen Kunsthandel, 2. Teil, Rn. 333 ff.; Schack, Kunst und Recht, 2. Aufl., Tübingen 2009, Rn. 539.

16 Bayerischer Verwaltungsgerichtshof, Beschluss vom 13. April 2010 – 7 CE 10.258 –, juris; auch Kunst und Recht 2010, S. 125 ff. (red. Leitsatz und Gründe) sowie DVBl 2010, S. 796 (red. Leitsatz).

17 Bayerischer Verwaltungsgerichtshof, Beschluss vom 16. April 2010 – 7 CE 10.354 –, juris.

18 OVG für das Land Nordrhein-Westfalen, Urteil vom 8. Juli 2013 – 5 A 1370/12 –, juris; auch Kunst und Recht 2013, S. 157 ff. sowie NWVBl 2013, S. 485 ff. (jeweils Leitsatz und Gründe).

19 VG München, Beschluss vom 27. Januar 2010 – M 17 E 09.4833 –, juris.

20 VG Osnabrück, Urteil vom 17. Mai 2011 – 1 A 187/10 –, juris.

2010 zur Versteigerung gelangen sollte. Die Anhaltverfügung war auf Betreiben der Behörden Frankreichs erlassen worden. Auch hier ging es um den rechtmäßigen Adressaten einer Verfügung, darüber hinaus habe es an den materiellen Voraussetzungen für eine Herausgabe gefehlt. Weitere Entscheidungen fällten die hessischen Verwaltungsgerichte Frankfurt am Main mit Urteil vom 2. Juni 2010 zu Az. 5 K 1082/10.F[21] sowie Gießen mit Urteil vom 6. Mai 2010 zu Az. 9 K 1661/09.GI[22] bestätigt durch den Hessischen Verwaltungsgerichtshof Kassel, Beschluss vom 4. Juli 2011 zu Az. 8 A 1526/10[23]. Die Besonderheit dieser Entscheidungen lag insbesondere in der Frage nach dem Konkurrenzverhältnis der Voraussetzungen der Sicherstellung nach § 8 Abs. 6 KultGüRückG und dem Landespolizeirecht, in diesem Fall § 40 Hessisches Gesetz über die öffentliche Sicherheit und Ordnung (HSOG), einer Vorschrift der präventiven Gefahrenabwehr. Der Verwaltungsgerichtshof bestätigte das Urteil des VG Gießen, wonach eine Sicherstellung von Kulturgütern nach § 40 HSOG durch das Hessische Ministerium für Wissenschaft und Kunst als allgemeine Ordnungsbehörde rechtswidrig sei. Das Ministerium habe, was den Kulturgüterschutz nach dem Kulturgüterrückgabegesetz angehe, keine Kompetenz als allgemeine Ordnungsbehörde zu handeln (§ 1 HSOG-DVO, § 89 Abs. 1 HSOG).

Betrachtet man die zitierten Entscheidungen vor allem in Hinblick auf die eingangs ermittelten Anknüpfungspunkte für Maßnahmen, die einen effektiven Kulturgüterschutz gewährleisten sollen, so ist eine ambivalente Bilanz zu ziehen. Einerseits gibt das Kulturgüterrückgabegesetz einem fremden Staat einen in Deutschland einklagbaren Anspruch auf Herausgabe von Kulturgütern, die Bestandteil seines kulturellen Erbes sind. Dieser Anspruch gilt jenseits der zivilrechtlichen Eigentumsverhältnisse an dem Kulturgut. Zentraler Schutzzweck des Gesetzes ist nämlich der Erhalt oder die Wiederherstellung der Integrität des kulturellen Erbes eines Staates, vor allem in räumlicher Hinsicht. Gleichzeitig wird im Rahmen der Anwendung des Kulturgüterrückgabegesetzes deutlich, dass den Gefahren, denen Kulturgüter heutzutage ausgesetzt sind, mit dem UNESCO-Übereinkommen von 1970 nicht mehr ausreichend begegnet werden kann.

---

21 VG Frankfurt, Urteil vom 2. Juni 2010 – 5 K 1082/10.F –, juris; auch Kunst und Recht 2011, S. 68 ff. (red. Leitsatz und Gründe).

22 VG Gießen, Urteil vom 6. Mai 2010 – 9 K 1661/09.GI –, juris; auch Kunst und Recht 2011, S. 125 ff. (red. Leitsatz und Gründe).

23 Hessischer Verwaltungsgerichtshof, Beschluss vom 4. Juli 2011 – 8 A 1526/10.Z –, juris; auch Kunst und Recht 2011, S. 124 f. (red. Leitsatz und Gründe).

Das Übereinkommen erfasst in erster Linie Objekte, die Bestandteile von öffentlichen oder privaten Sammlungen oder von archäologischen oder historischen Monumenten sind. Archäologische oder ethnologische Objekte, die aus Raubgrabungen stammen und somit erst zum Zeitpunkt ihres Inverkehrbringens der Fachwelt bekannt werden, sind nur am Rande über die Bestimmung des Art. 9 des UNESCO-Übereinkommens von 1970 geschützt, der besondere Maßnahmen, auch auf bilateraler Ebene zum Schutz vor Plünderung bei konkreten Gefahrenlagen vorsieht. Der Geist dieser Bestimmung manifestiert sich übrigens in der sogenannten Irak-Verordnung[24] sowie der Syrien-Verordnung[25], die ein striktes Importverbot für Antiken aus diesen Ländern vorsehen und die Beweislast für den Zeitpunkt der Ausfuhr dem Besitzer des Kulturguts auferlegen. Gelingt es diesem nicht, den Beweis für die Ausfuhr aus den Ländern vor dem Stichtag zu führen, so gilt das Kulturgut als illegal verbracht und ist herauszugeben.

Die gewachsene Nachfrage und Dynamik, die der illegale Handel mit Kulturgütern, insbesondere durch moderne Kommunikationsmittel, erfahren hat, erfordert generell Maßnahmen, die eine effektive Hürde für das Inverkehrbringen von Kulturgütern darstellen. Den Beteiligten ist abzuverlangen, die Herkunft eines Kulturguts und dessen Fundumstände durch eine transparente Dokumentation nachzuweisen. Dies kann zum Bespiel durch gültige Ausfuhrdokumente des Herkunftslandes erfolgen. Gelingt dies nicht, so wäre die Einfuhr zu verweigern, das Kulturgut zu beschlagnahmen und an das Herkunftsland herauszugeben. Daneben gilt es sicherzustellen, dass Objekte illegaler Herkunft nicht in den legalen Handel geraten. Hierbei ist an die Marktteilnehmer zu appellieren, nur Objekte zu vermarkten, deren legale Herkunft eindeutig nachgewiesen werden kann oder sich aus den Gesamtumständen schließen lässt. Hierbei geht es einerseits darum, die Herausbildung eines generellen Bewusstseins zu fördern, dass nur Objekte mit eindeutig nachgewiesener Herkunft Gegenstand des Handels sein sollte und andererseits die Möglichkeit der Vermarktung von Objekten mit zweifelhafter Herkunft abstrakt dem illegalen Handel Vor-

---

24 EG-Verordnung Nr. 1210/2003 des Rates vom 7. Juli 2003 über bestimmte Beschränkungen in den wirtschaftlichen und finanziellen Beziehungen zu Irak und zur Aufhebung der EG-Verordnung Nr. 2465/1966, ABl. Nr. L 169 vom 8. Juli 2003, S. 6 ff.

25 EU-Verordnung Nr. 1332/2013 des Rates vom 13. Dezember 2013 über restriktive Maßnahmen angesichts der Lage in Syrien, ABl. Nr. L 335 vom 14. Dezember 2013, S. 3 ff.

schub leistet und es damit ermöglicht, einen wirtschaftlichen Anreiz für die illegale Gewinnung von Kulturgütern in den Ursprungsländern aufrechtzuerhalten. Der Gesetzgeber kann die Bildung eines solchen Verantwortungsbewusstseins dadurch befördern, indem er den Marktteilnehmern eindeutig definierte Sorgfaltspflichten auferlegt, denen sie im Umgang mit jedem Objekt nachzukommen haben. Unterlassen sie deren Beachtung, so wäre im Zweifel das Objekt als nicht rechtmäßigen Ursprungs zu betrachten. Solche Sorgfaltspflichten werden beispielsweise in Art. 10 der Richtlinie 2014/60/EU des Europäischen Parlaments und des Rates vom 15. Mai 2014 über die Rückgabe von unrechtmäßig aus dem Hoheitsgebiet eines Mitgliedsstaats verbrachten Kulturgütern und zur Änderung der EU-Verordnung Nr. 1024/2012 (Neufassung) aufgeführt.

Die Abschaffung des Listenprinzips und dessen Ersetzen durch ein Kategorienprinzip sowie das zwingende Erfordernis von Ausfuhrdokumenten des Ursprungsstaats im Rahmen der Einfuhr in das Bundesgebiet sollten ein effektiveres Mittel zur Bekämpfung des illegalen Handels mit Kulturgütern sein, zumal solche Maßnahmen der rechtlichen Realität in den meisten der Ursprungsländer näher kommen und dadurch den lokalen Schutzmechanismen internationale Geltung und Anerkennung verschaffen.

IV. Strafgerichtsbarkeit

Unabhängig von den Bestimmungen des Kulturgüterrückgabegesetzes zeigt die Praxis, dass Ursprungsstaaten eines Kulturguts, nachdem ihren Behörden dessen Belegenheit in Deutschland bekannt wird, regelmäßig versuchen werden, im Rahmen der internationalen Rechtshilfe in Strafsachen mittels eines entsprechenden Rechtshilfeersuchens die Herausgabe des Gegenstands zu erwirken. Fehlt es an einem bilateralen Abkommen zwischen dem ersuchenden Staat und der Bundesrepublik Deutschland, richtet sich die Entscheidung über ein solches Rechtshilfeersuchen nach den Bestimmungen des Gesetzes über die internationale Rechtshilfe in Strafsachen, IRG.[26] Ersuchende Staaten wählen vor allem aus zwei Gründen dieses Verfahren. Zum einen stellt in den meisten der klassischen Ursprungsländer von Kulturgütern archäologischen Ursprungs, schon die Ausfuhr solcher Objekte ohne entsprechende Genehmigung eine Straftat

26 BGBl. 1982 I, S. 2071; 1994 I, S. 1537.

dar, die teils mit hohen Geld- und Freiheitsstrafen geahndet wird. Gleiches gilt für das Ausgraben derartiger Objekte ohne Genehmigung. Ein Rechtshilfeersuchen in Strafsachen, das von den Strafverfolgungsbehörden des Ursprungslandes verfasst wird und über den diplomatischen Weg übermittelt wird, hat zudem erhebliche Kostenvorteile gegenüber dem Beschreiten des Rechtswegs in Deutschland. Konfliktpotenzial besteht regelmäßig dann, wenn nach dem Rechtsverständnis der Ursprungsstaaten regelmäßig die definitive Herausgabe der Gegenstände, die zudem nach den dortigen Gesetzen im Staatseigentum stehen, verlangt wird, während die internationale Rechtshilfe in Strafsachen nach deutschem Verständnis nur zur Unterstützung des um Rechtshilfe ersuchenden Staates im Rahmen strafrechtlicher Ermittlungen dienen soll. Etwa indem Gegenstände zu Beweiszwecken den Ermittlungsbehörden des ersuchenden Staates temporär zur Verfügung gestellt werden sollen. Eine endgültige Entscheidung über eigentumsrechtliche Fragen soll gerade nicht getroffen werden, insbesondere sollen mögliche Rechte Dritter gewahrt bleiben.

Exemplarisch für das Instrument des internationalen Rechtshilfeersuchens im Bereich des Kulturgüterschutzes ist der Beschluss des Oberlandesgerichts Schleswig vom 10. Februar 1989[27], der einem Rechtshilfeersuchen Griechenlands stattgab, das auf die Herausgabe illegal in Griechenland ausgegrabener Münzen gerichtet war. Vertrauten viele Beobachter darauf, der Beschluss werde zum Präzedenzfall für eine Vielzahl künftiger Fälle, so blieb die Herausgabe von Kulturgütern im Rahmen von Rechtshilfeersuchen an Ursprungsstaaten eher die Ausnahme. Ein Blick in die zentrale Norm für die Herausgabe von Gegenständen erklärt dies. § 66 Abs. 2 IRG knüpft die Zulässigkeit der Herausgabe von Gegenständen an mehrere Voraussetzungen. Neben der erforderlichen beiderseitigen Strafbarkeit sowie den formalen Voraussetzungen hinsichtlich der Beschlagnahmeanordnung wird in der Praxis auf Grundlage von § 66 Abs. 2 Nr.3 IRG an die Versicherung der Wahrung der Rechte Dritter durch den ersuchenden Staat bestanden, was bedeutet, dass die Herausgabe nur unter Vorbehalt erfolgt. Ein derartiger Vorbehalt verstößt jedoch meist gegen die Gesetze des ersuchenden Staates, der sich auf sein umfassendes Staateigentum an Kulturgütern beruft.

Zu bemerken ist, dass selbst im Falle einer positiven gerichtlichen Entscheidung über die Zulässigkeit der Herausgabe von Gegenständen im Wege der internationalen Rechtshilfe in Strafsachen, der Exekutive, in

27 OLG Schleswig, NJW 1989, S. 3105.

diesem Falle der Bundesregierung, in Verfahren nach dem IRG ein Vorbehalt zusteht, diese dann auch zu gewähren oder zu versagen.

Ein Beschluss des Landgerichts Freiburg[28] rückte die Bestimmungen zur Vermögensabschöpfung der Strafprozessordnung in den Fokus des Kulturgüterschutzes. Durch eine Zollkontrolle an der deutsch-schweizerischen Grenze wurden im Februar 2009 in einem nach Deutschland einfahrenden PKW vier archäologische Artefakte ägyptischen Ursprungs entdeckt, die der Fahrer ins Bundesgebiet einführen wollte, ohne diese anzumelden. Die Objekte wurden nach §§ 94, 98 StPO als Beweismittel sichergestellt. Der Besitzer der Objekte wurde durch Strafbefehl wegen Hinterziehung von Einfuhrumsatzsteuer rechtskräftig verurteilt. Nachdem das Strafverfahren beendet war, wurde die Herausgabe der vier sichergestellten Objekte an die Arabische Republik Ägypten gerichtlich angeordnet. Der Verurteilte erhob Beschwerde zum Landgericht Freiburg. Diese wurde überwiegend verworfen. Die Herausgabe an Ägypten wurde bezüglich dreier der vier Objekte als rechtmäßig bestätigt.

Das Gericht gelangte zur Überzeugung, dass Eigentümerin der Gegenstände die Arabische Republik Ägypten sei. Durch Sachverständigengutachten wurde festgestellt, dass es sich um Antiken gemäß Art. 1 des ägyptischen Antikenschutzgesetzes[29] handelt. Gemäß Art. 6 und 8 dieses Gesetzes stehen Antiken im öffentlichen Eigentum und können nur mit ausdrücklicher behördlicher Genehmigung veräußert werden. Eine derartige Verkaufsgenehmigung lag nicht vor und wurde auch nicht behauptet.

Das Gericht ging auch davon aus, dass der Arabischen Republik Ägypten die Gegenstände „durch die Straftat" i.S.d. § 111 k StPO entzogen wurden. Der Beschwerdeführer bestritt, die Objekte selbst in Ägypten an sich genommen zu haben oder diese ausgeführt zu haben. Auf Grundlage der Ermittlungsakten stand jedoch zur Überzeugung des Gerichts fest, dass er auf irgendeine Weise in die erfolgte unerlaubte Ausfuhr der Kulturgüter aus Ägypten verwickelt war; mindestens als Transporteur, möglicherweise auch als Importeur. Das Gericht betrachtete die nicht deklarierte Einfuhr der Gegenstände nach Deutschland als Teil eines Gesamtplans, den der Beschwerdeführer kannte und in dem er bewusst eine Rolle spielte. Das Gericht stellte klar, dass die Beteiligung des Beschwerdeführers als Transporteur oder Importeuer nach deutschem Recht nicht strafbar

28 LG Freiburg, Beschluss vom 12. Dezember 2013 – 8 Qs 7/13; auch KUR 2014, S. 61 ff.

29 Antiquities' Protection Law No. 117 of 1983.

sei und die Gegenstände durch die nach § 370 AO materiell-rechtlich abgeurteilte Straftat selbst nicht entzogen wurden. Es führte aber aus, dass unter Zugrundelegung des strafprozessualen Tatbegriffs des § 264 StPO nicht die Tat im materiellen Sinne, sondern ein einheitlicher Lebenssachverhalt, wie er durch die Anklage konkretisiert wurde und wie er sich bei natürlicher Betrachtungsweise ergibt, zu berücksichtigen sei. Ein Teilaspekt dieses Gesamtgeschehens, die Steuerhinterziehung, sei nach deutschem Recht strafbar, sodass der Gesamtlebenssachverhalt als „die Straftat" im Sinne von § 111 k StPO zu betrachten sei.

Das Gericht stellte weiterhin fest, dass die Regelungen des Kulturgüterrückgabegesetzes nicht in einem Ausschließlichkeitsverhältnis zur übrigen Rechtsordnung stehen.

§ 111 k StPO eignet sich nicht als generelle Rückgabenorm für Kulturgüter, die im Rahmen von Strafverfahren in Deutschland aufgefunden werden. Sofern die nach Deutschland einführenden Personen nachweislich wissentlich im Rahmen eines Gesamtplans tätig sind, der sich als einheitlicher Lebenssachverhalt qualifizieren lässt, kann durch § 111 k StPO eine abschließende Beendigung eines rechtwidrigen Zustands herbeigeführt werden. Hierbei ist insbesondere an Konstellationen der organisierten Kriminalität zu denken, in denen mehrere Akteure arbeitsteilig innerhalb eines Gesamtplans vorsätzlich zusammenwirken, die sich immer mehr auch im Bereich des illegalen Handels mit Kulturgütern zeigen.

Aus Sicht der betroffenen Staaten weist das Verfahren des § 111 k StPO allerdings Handhabungsschwierigkeiten auf. Zunächst eignet sich die Vorschrift, wenn das Eigentum am Gegenstand ohne Zweifel feststeht. Oftmals ist dies bereits streitig, sodass die Anwendbarkeit der ausscheidet. Der jeweilige Herkunftsstaat ist nicht Partei des Verfahrens, Antragstellerin ist die zuständige Staatsanwaltschaft. Erforderlich ist also eine enge Kooperation zwischen der ermittelnden Staatsanwaltschaft und der diplomatischen Vertretung des Herkunftsstaats. Grundsätzlich ist es nicht ausgeschlossen, dass ein Staat von der Existenz eines Objekts erfährt. Dies wird spätestens dann der Fall sein, wenn er von den deutschen Behörden angerufen wird, um die Herkunft oder Authentizität eines Objekts festzustellen. Dies kann allerdings auch durch inländische Sachverständige erfolgen, womit die Möglichkeit der Kenntnisnahme für einen betroffenen Herkunftsstaat nicht stets von vornherein gegeben ist. Besonders erschwert wird die Möglichkeit der Kenntnisnahme von der Existenz eines Objektes in Fällen von Zolldelikten, dem wohl häufigsten Delikt im Zusammenhang mit der illegalen Einfuhr von Kulturgütern. Rechtstechnisch handelt es sich um Steuerstraftaten, die dem in § 30 AO niedergelegten

Steuergeheimnis unterliegen. Es wäre also denkbar, dass ein solches Steuerstrafverfahren durchgeführt wird, ohne dass Dritte und damit auch der Herkunftsstaat von den betroffenen Kulturgütern Kenntnis erlangen. Da es sich um ein Annexverfahren handelt, das einem Strafverfahren nachgelagert ist und regelmäßig dessen vorherige rechtskräftige Durchführung erfordern wird, kann dies zu einer langen Verfahrensdauer führen, insbesondere dann, wenn dem Antrag aus § 111 k StPO ein gewöhnliches Strafverfahren vorangeht, das womöglich mehrere Instanzen beansprucht.

V. Zivilgerichtsbarkeit

Das Zivilrecht bietet Staaten, sofern sie auch Eigentümer eines betroffenen Kulturguts sind, die Möglichkeit im Wege einer Herausgabeklage nach § 985 BGB, ein Kulturgut von einem Besitzer in Deutschland zurückzuverlangen. Allerdings sind die Erfolgsaussichten, ein archäologisches Objekt zurückzuerlangen, das aus Raubgrabungen stammt, meist gering. Regelmäßig wird der Nachweis, insbesondere des Zeitpunkts der Ausfuhr sowie die tatsächliche Herkunft eines Objekts, schwer zu führen sein. Die Darlegungs- und Beweislastverteilung im Rahmen der Geltendmachung des Herausgabeanspruchs gewährt dem Besitzer eines Gegenstands einen strategischen Vorteil, da es dem herausfordernden Eigentumsprätendenten zusteht, qualifiziert in Bezug auf das ihm am Streitgegenstand zustehende Eigentumsrecht vorzutragen. Durch die internationale Konstellation kann es auch aufgrund von Statutenwechseln im Laufe einer langen Erwerbskette zum gutgläubigen Erwerb durch Dritte kommen. Erschwert wird die Geltendmachung von Herausgabeansprüchen aufgrund von Eigentum durch die absolute Verjährungsfrist von zivilrechtlichen Ansprüchen nach § 197 Abs. 1 Nr.1 BGB.

Beispielhaft hierfür ist ein Rechtsstreit, den die Republik Türkei gegen deutsche Sammler um die Herausgabe von antiken Schalen und Gefäßen führte.[30] Das OLG Frankfurt wies in zweiter Instanz die Herausgabeklage ab. Eine Nichtzulassungsbeschwerde zum Bundesgerichtshof scheiterte.[31] Im Rahmen der Entscheidung war zu erörtern, ob die Republik Türkei überhaupt Eigentümerin der Gegenstände war. Der Klägerin gelang nicht

30 OLG Frankfurt, Urteil vom 04. Februar 2013 – 16 U 161/11 –, juris, auch: Kunst und Recht 2013, S. 74 ff. (red. Leitsatz und Gründe).

31 BGH, Beschluss vom 23. Oktober 2013 – V ZR 60/13 –, juris.

der Beweis, dass die streitgegenständlichen Objekte in ihrem Staatsgebiet ausgegraben wurden. Auch eine Herleitung aus dem äußeren Erscheinungsbild war nicht möglich, da es sich um Objekte handelte, die regelmäßig auch in anderen Staaten der östlichen Mittelmeerregion gefunden werden, was von den Beklagten auch vorgetragen wurde. Unterstellt, die Türkei wäre ursprünglich Eigentümerin gewesen, so stünde den Beklagten ihrerseits ein Recht zum Besitz aus gutgläubigem Erwerb zur Seite. Den zu erbringenden Nachweis der Bösgläubigkeit der Beklagten blieb die Klägerin jedenfalls schuldig. Es könne jedenfalls keine Bösgläubigkeit mit dem Hinweis auf die türkische Antikengesetzgebung unterstellt werden, da diese in ihrer historischen Ausgestaltung Veränderungen unterlag und auch Ausnahmen vorsah, die Eigentum an Kulturgütern jenseits des Staats für Privatleute ermöglichte.

Die Berufung auf § 935 Abs. 1 BGB blieb erfolglos. Hauptmerkmal des Abhandenkommens ist, dass der Besitzverlust auf Seiten des Eigentümers gegen seinen Willen erfolgt. Dies setzt unmittelbaren Besitz voraus, also Gewahrsam und entsprechende Kenntnis darüber. Bei unbekannten Bodenfunden habe die Klägerin niemals unmittelbaren Besitz an diesen ausgeübt, sodass kein Abhandenkommen angenommen werden könne. Als zusätzlichen Eigentumserwerbsgrund erachtete das Gericht auch die Ersitzung nach § 937 BGB, da unstreitig feststand, dass die Beklagten seit über zehn Jahren ununterbrochen Eigenbesitz an den Gegenständen ausübten und sie nicht bösgläubig waren.

Erfolg hatten die Republik Zypern sowie die orthodoxe Kirche von Zypern, die 2013 vor dem OLG München[32] die Herausgabe von Kulturgütern erstritten. Nach der Besetzung des nördlichen Teils von Zypern durch türkische Truppen und die Ausrufung der Republik Nordzypern, die jedoch völkerrechtlich nicht anerkannt ist, gelangten zahlreiche Kulturgüter insbesondere mit hellenistischem und christlichem Bezug ins Ausland, darunter Mosaiken aus orthodoxen Kirchen. Zahlreiche Objekte wurden bei einem Münchner Kunsthändler sichergestellt. Entscheidend für die Herausgabe war, dass die Republik Nordzypern, von der der Beklagte seine Eigentumsrechte ableitete, mangels Völkerrechtssubjektivität aufgrund fehlender internationaler Anerkennung nicht Rechtsnachfolgerin der Republik Zypern sowie der Kirche von Zypern werden konnte. Somit war es ihr nicht möglich, wirksam Eigentum an Dritte zu übertragen.

32 OLG München, Urteil vom 18. März 2013 – 19 U 4878/10 –, juris; auch: Kunst und Recht 2013, S. 77 ff. (red. Leitsatz und Gründe).

VI. Schlussbetrachtung

Die dargestellten Entscheidungen zeigen die Vielfalt der Konstellationen, die im Umgang mit Kulturgütern vorgefunden werden. Die Rechtsprechung der Verwaltungsgerichte bestätigt, dass dem Phänomen der Raubgrabungen derzeit kaum wirksam Einhalt zu gebieten ist. Eine Abkehr vom Listenprinzip hin zu einem konkretisierten Kategorienprinzip, das Erfordernis strenger Einfuhrkontrollen sowie ein kodifizierter Sorgfaltsmaßstab für die Beteiligten am legalen Handel mit Kulturgütern sollten eine effektivere Kontrolle ermöglichen. Insofern darf man auf die anstehenden Reformvorschläge der Bundesregierung gespannt sein. Gleichzeitig gilt es, den öffentlich-rechtlich verankerten Kulturgüterschutz besser als bisher mit der übrigen Rechtsordnung zu verzahnen. Dies gilt vor allem hinsichtlich des von der Rechtsprechung bestätigten Fehlens eines Konkurrenzverhältnisses der öffentlich-rechtlichen Kulturgutschutzbestimmungen zur übrigen Rechtsordnung. So kann bei Vorliegen der entsprechenden Voraussetzungen, ein Rückgriff auf die Bestimmungen zur Vermögensabschöpfung der Strafprozessordung die endgültige Rückführung ermöglichen.

Kunsthandel und Kennerschaft – Rechtsfragen zur Haftung von Kunstexperten

Daniel-Philipp Häret[*]

I. Einleitung[1]

Der diesjährige TEFAF Art Market Report hat eine eindrückliche Überschrift: „Der weltweite Kunsthandel bricht in 2014 alle Rekorde".[2] Nach den Ergebnissen des Reports ist der Umsatz des Kunstmarkts in 2014 weltweit um 7 Prozent auf ein Allzeithoch von 51 Milliarden Dollar gewachsen.[3] Davon entfallen etwa 39 Prozent auf die USA, 33 Prozent auf China und 22 Prozent auf Großbritannien.[4] Auch die beiden internationalen Auktionshäuser Christie's und Sotheby's vermelden für das Jahr 2014 die höchsten Auktionsumsätze in ihrer Geschichte.[5]

Angesichts der großen wirtschaftlichen Bedeutung des Kunstmarktes haben die im Zusammenhang bestehenden Rechtsfragen weitreichende Bedeutung. Von besonderer Relevanz sind für die Marktteilnehmer die sich bei An- und Verkauf ergebenden Haftungsfragen im Zusammenhang mit der „Echtheit" von Kunstwerken. Die „Echtheit" stellt den „empfindlichsten Kern" der Kunst dar, wie es von *Walter Benjamin* zum Ausdruck gebracht worden ist.[6] Sie ist für den Kunstmarkt von zentraler, insbesondere ökonomischer Bedeutung. Die Beurteilung dieser Eigenschaft ist

---

* Dr. iur., Rechtsanwalt.

1 Der Beitrag beruht auf einem Vortrag, der auf Einladung des Instituts für Kunst und Recht am 1. November 2014 anlässlich der Achten Heidelberger Kunstrechtstage gehalten wurde. Der Verfasser dankt den Organisatoren herzlich für die Einladung.

2 http://www.tefaf.com/DesktopDefault.aspx?tabid=15&tabindex=14&pressrelease=16959&presslanguage.

3 Siehe oben Fußnote 2.

4 Siehe oben Fußnote 2.

5 Siehe „Kunst verkauft sich wie noch nie", verfügbar unter: http://www.faz.net/aktuell/wirtschaft/christie-s-und-sotheby-s-melden-verkaufsrekorde-kunstmarkt-boomt-13381063.html.

6 *Benjamin, Walter*, Das Kunstwerk im Zeitalter seiner technischen Reproduzierbarkeit, Nachdruck, Stuttgart 2011, 13.

Aufgabe von Experten. Für Art und Umfang der Expertentätigkeit sind vorwiegend der Auftrag und die individuellen Eigenschaften des Kunstwerks von Relevanz. Neben kunstwissenschaftlichen Untersuchungsmethoden und gegebenenfalls Recherchen zur Provenienz stehen naturwissenschaftlich gestützte Untersuchungsverfahren. Welche Methoden oder Verfahren zur Anwendung kommen, ist immer eine Einzelfallfrage, nicht zuletzt auch wegen des Aufwands und der Kosten, insbesondere von naturwissenschaftlichen Untersuchungsverfahren.

Einige zum Teil prominente Rechtsstreite im In- und Ausland haben sich in den letzten Jahren mit Art und Umfang der Expertentätigkeit im Bereich der Kunstauktionen sowie den sich stellenden Haftungsfragen auseinandergesetzt; hierzu nun im Folgenden.

II. Entscheidungen englischer Gerichte

In der englischen Rechtsprechung findet sich nur eine geringe Zahl von Entscheidungen, die Sachverhalte zur Haftung von Kunstexperten betreffen und dies, obwohl London zu einem der weltweit größten Kunsthandelszentren zählt. Ein Grund mag sich in den hohen Kosten finden, die ein Rechtsstreit vor englischen Gerichten mit sich bringt. In der jüngeren Rechtsprechung sind zwei Entscheidungen hervorzuheben, welche die Tätigkeit von Kunstexperten im Bereich der Kunstauktionen und Fragen nach den Sorgfaltspflichten behandeln.

1. Thwaytes v. Sotheby's

Der Londoner *High Court* hatte kürzlich den Fall eines Gemäldes zu beurteilen, welches im Jahr 2006 von dem Auktionshaus Sotheby's versteigert worden war.[7] Das Auktionshaus hatte das Werk im Katalog als „*Follower of Michelangelo Merisi da Caravaggio – The Cardsharps*“ beschrieben. Das Gemälde, von welchem man bislang angenommen hatte, es sei nur die Kopie eines im texanischen *Kimbell Art Museum* befindlichen Originals von *Michelangelo Merisi da Caravaggio* (1571–1610), wurde für GBP 42.000,00 zuzüglich Aufgeld zugeschlagen.[8] Der Ersteigerer war der

---

7 *Lancelot Thwaytes v. Sotheby's Ltd.* [2015] P.N.L.R. 12, 279 ff.
8 *Lancelot Thwaytes v. Sotheby's Ltd.* [2015] P.N.L.R. 12, 279 ff. (281).

Freund eines namhaften Experten für das Oeuvre von *Caravaggio*, der dieses nach umfangreichen Untersuchungen und einer eingehenden Restaurierung ein Jahr später als authentisches Werk aus der Hand *Caravaggios* ausstellte.[9] Infolgedessen entschied sich der Einlieferer, das Auktionshaus in Anspruch zu nehmen, da ihm ein erheblicher Schaden entstanden sei, weil das von ihm eingelieferte Gemälde als Original tatsächlich einen erheblich höheren Wert habe. Nachdem zwischenzeitlich andere Experten die Theorie unterstützten, dass es sich bei der vermeintlichen Kopie um ein Original aus der Hand *Caravaggios* handele, warf er dem Auktionshaus unter anderem vor, dass die Experten bei der Untersuchung des Gemäldes nicht mit der erforderlichen Sorgfalt gehandelt hätten. Der Londoner *High Court* lehnte mit seinem Urteil aus dem Frühjahr 2015 eine Haftung des Auktionshauses ab.[10]

Nach dem Urteil des englischen Gerichts schulde das Auktionshaus die Sorgfalt eines „*leading auction house*" im Unterschied zur erforderlichen Sorgfalt eines kleineren provinziellen Auktionshauses.[11] Der Einlieferer hatte bei Ablieferung zwar um Untersuchung des Gemäldes gebeten, ob es sich um eine Kopie oder ein Original handele, und die Anfertigung von Röntgenaufnahmen erbeten, was nach den Tatsachen des konkreten Falles aber keinen Anlass gab, den anzulegenden Sorgfaltsmaßstab zu ändern.[12] Der *High Court* führte in seiner Entscheidung weiter aus, dass von einem „*leading auction house*" erwartet werden könne, dass eine Untersuchung durch kunsthistorisch hochqualifizierte Experten erfolge, mit Sachkenntnis über Stile und Werke verschiedenster Künstler, mithin mit kennerschaftlichem „Auge".[13] Ferner, so führte das Gericht weiter aus, könne erwartet werden, dass eine eingehende Untersuchung des eingelieferten Objekts erfolge, auf deren Grundlage, soweit möglich, eine sichere Meinung gebildet werden kann.[14] Nach den Tatsachen des Falles sah das Gericht es als erwiesen an, dass die Befunde der vom Auktionshaus durchgeführten Untersuchungen keine Anhaltspunkte zutage gefördert hätten, wonach für das Auktionshaus Indizien bestanden, dass es sich um ein Original aus der

9 *Lancelot Thwaytes v. Sotheby's Ltd.* [2015] P.N.L.R. 12, 279 ff. (296 ff.).

10 *Lancelot Thwaytes v. Sotheby's Ltd.* [2015] P.N.L.R. 12, 279 ff. (332). Der Einlieferer hat soweit ersichtlich keine Rechtsmittel gegen das Urteil eingelegt, siehe unter: http://www.theartnewspaper.com/news/art-market/16363/.

11 *Lancelot Thwaytes v. Sotheby's Ltd.* [2015] P.N.L.R. 12, 279 ff. (302).

12 *Lancelot Thwaytes v. Sotheby's Ltd.* [2015] P.N.L.R. 12, 279 ff. (302).

13 *Lancelot Thwaytes v. Sotheby's Ltd.* [2015] P.N.L.R. 12, 279 ff. (302).

14 *Lancelot Thwaytes v. Sotheby's Ltd.* [2015] P.N.L.R. 12, 279 ff. (303).

Hand von *Caravaggio* handele. Auch sah das Gericht keine Pflicht des Auktionshauses, externe Experten hinzuzuziehen, sondern dieses durfte sich auf die Kennerschaft seiner eigenen Experten verlassen.[15] Nach der Entscheidung des *High Court* bestand auch keine Pflicht des Auktionshauses, Infrarotuntersuchungen durchzuführen.[16] Das Gericht führte aus: *„An auction house's task is to advise consignors as to how much research into a painting is justified by the likely results.*"[17] Vorliegend bestand aber kein Anlass für eine Annahme des Auktionshauses, dass Infrarotuntersuchungen zu weitergehenden Befunden an dem Gemälde führen würden, was tatsächlich auch nicht der Fall war, wie sich im Laufe des Rechtsstreits herausstellte.[18]

2. Thomson v. Christie Manson & Woods Ltd.

Auch die Entscheidung *Thomson v. Christie Manson & Woods Ltd.* des englischen *Court of Appeal* behandelt Fragen zu Art und Umfang der Expertentätigkeit.[19] Der Rechtsstreit betraf eine Versteigerung aus dem Jahr 1994, auf welcher Kunstwerke aus dem bedeutenden englischen Herrenhaus „*Houghton Hall*" versteigert wurden. Darunter befanden sich zwei Porphyr-Urnen aus der Zeit „*Louis XV*". Diese wurden bei einem ursprünglichen Schätzpreis von GBP 400.000,00 bis GBP 600.000,00 auf der Versteigerung für GBP 1.75 Mio. zuzüglich Aufgeld zugeschlagen.[20] Die amerikanische Käuferin wurde vor der Versteigerung vom „*Special Client Services Department*" des Auktionshauses über die Urnen informiert. Einige Zeit später machte die Käuferin geltend, dass die von ihr ersteigerten Porphyr-Urnen keine Originale aus der Zeit „*Louis XV*" seien, sondern erst später, nämlich erst im 19. Jhd. entstanden seien und der tatsächliche Marktwert der Urnen daher nur ca. GBP 25.000,00 betrage. In zweiter Instanz lehnte der *Court of Appeal* eine Haftung des Auktionshauses ab.[21] Nach umfangreichen Verhandlungen und der Anhörung von acht

---

15 *Lancelot Thwaytes v. Sotheby's Ltd.* [2015] P.N.L.R. 12, 279 ff. (303 ff., 325).
16 *Lancelot Thwaytes v. Sotheby's Ltd.* [2015] P.N.L.R. 12, 279 ff. (292 ff., 321 f., 325).
17 *Lancelot Thwaytes v. Sotheby's Ltd.* [2015] P.N.L.R. 12, 279 ff. (321 f.).
18 *Lancelot Thwaytes v. Sotheby's Ltd.* [2015] P.N.L.R. 12, 279 ff. (321 ff., 324).
19 *Thomson v. Christie Manson & Woods Ltd.* [2005] EWCA Civ. 555.
20 *Thomson v. Christie Manson & Woods Ltd.* [2005] EWCA Civ. 555 [1].
21 *Thomson v. Christie Manson & Woods Ltd.* [2005] EWCA Civ. 555 [173 f.].

Sachverständigen kam der *Court of Appeal* zu dem Schluss, dass das Auktionshaus keine Fehler bei der Katalogbeschreibung gemacht hatte.[22]

Die Käuferin hatte unter anderem auch Ansprüche wegen Bruch einer ihr gegenüber bestehenden Sorgfaltspflicht („*breach of duty of care*“) des Auktionshauses geltend gemacht.[23] Diese sollte nach Ansicht der Käuferin vorliegend in einer Pflicht sowohl zu einer korrekten Beschreibung als auch zur vollständigen Information durch das Auktionshaus bestanden haben. Ansatzpunkt hierfür war vorliegend die vom Auktionshaus eingesetzte Abteilung für „*Special Client Services*“, die eine bestimmte ausgesuchte Klientel über anstehende Versteigerungen in Kenntnis setzte und weitere Informationen bot sowie der Status der Käuferin als „*special client*“.[24] In diesem Verhältnis sah die Käuferin nun eine Pflichtverletzung des Auktionshauses ihr gegenüber, welches nicht über etwaige Risiken bei der Zuschreibung der Urnen aufgeklärt habe. Nach dem Gericht gaben die Tatsachen des konkreten Falles aber keinen Anlass zur Begründung einer solchen Sorgfaltspflicht.[25] Zwar könne nach dem *Court of Appeal* in einem solchen Verhältnis möglicherweise eine entsprechende *duty of care* bestehen, vorliegend habe das Auktionshaus aber aufgrund des konkreten Tatsachensachverhaltes keine Notwendigkeit gehabt, Warnungen über etwaige Risiken gegenüber der Käuferin zum Ausdruck zu bringen.[26] Diese Entscheidung ist mithin auch insoweit interessant, als sich eine Tendenz in der englischen Rechtsprechung aufzeigen lässt, dass selbstständige haftungsbegründende Pflichten in Form einer *duty of care* eines Auktionshauses im Zusammenhang mit einer Versteigerung bestehen können, die eine deliktsrechtliche Haftung des Auktionshauses für reine Vermögensschäden gegenüber dem Ersteigerer begründen kann.

Als Maßstab für Inhalt und Umfang der *duty of care* stellt der *Court of Appeal* im Fall *Thomson v. Christie Manson & Woods Ltd.* auf die Sorgfalt eines „*international auction house of their standing*“ ab.[27] Damit ist in der englischen Rechtsprechung im Hinblick auf den anzulegenden Maßstab eine Differenzierung zwischen kleinen, eher ländlich geprägten Auktionshäusern und den internationalen Auktionshäusern auszumachen. Sie

---

22 *Thomson v. Christie Manson & Woods Ltd.* [2005] EWCA Civ. 555 [41 f.,173 f.].
23 *Thomson v. Christie Manson & Woods Ltd.* [2005] EWCA Civ. 555 [4].
24 *Thomson v. Christie Manson & Woods Ltd.* [2005] EWCA Civ. 555 [29 f.].
25 *Thomson v. Christie Manson & Woods Ltd.* [2005] EWCA Civ. 555 [96].
26 Vgl. *Thomson v. Christie Manson & Woods Ltd.* [2005] EWCA Civ. 555 [38].
27 *Thomson v. Christie Manson & Woods Ltd.* [2005] EWCA Civ. 555 [74].

findet ihre Begründung darin, dass nur die großen Auktionshäuser regelmäßig über sachgebietsbezogene, spezialisierte Abteilungen verfügen, in denen spezialisierte Experten tätig sind. Im Hinblick auf eine inhaltliche Ausfüllung finden sich in der englischen Rechtsprechung bislang nur wenige Anhaltspunkte. In der dargestellten Entscheidung *Thomson v. Christie Manson & Woods Ltd.* hat der *Court of Appeal* wie folgt ausgeführt: „*It is the well-established practice of auction houses and the art world generally to date items such as the Houghton urns by visual examination in conjunction with such information as to the item as may be already available or obtainable by such research as is reasonably to be expected of the auction house in the circumstances. The examination must be as thorough as the circumstances reasonably require and it must be done by persons of appropriate qualifications and experience. It will not, cannot, and need not be as exhaustive as the examinations which have been carried out for the purposes of this trial: that is impractical. The outcome will be an expression of opinion as to date, which may be expressed in absolute terms such as here, or in more guarded terms, using words such as "probably" or "possibly".*"[28] Inwieweit Recherchen zur Provenienz zu erfolgen und unter welchen Voraussetzungen naturwissenschaftliche Untersuchungsmethoden zur Anwendung zu kommen haben, wurde vom *Court of Appeal* nicht beantwortet. Es bleibt abzuwarten, ob zukünftige Entscheidungen englischer Gerichte hier möglicherweise weitere Voraussetzungen im Hinblick auf die inhaltliche Ausfüllung respektive des von Kunstexperten zur Anwendung zu bringenden Sorgfaltsmaßstabes darlegen.

III. Entscheidungen deutscher Gerichte

Auch in der deutschen Rechtsprechung finden sich nur wenige Urteile, die sich mit Art und Umfang der Tätigkeit von Kunstexperten bei Kunstauktionen im Hinblick auf Sorgfaltspflichten auseinandersetzen. Hier ist im Bereich der jüngeren obergerichtlichen Rechtsprechung nur die Entscheidung des Oberlandesgerichts München aus dem Frühjahr des Jahres 2014 betreffend einen persischen Teppich hervorzuheben, neben der prominenten Entscheidung des Landgerichts Köln.

---

28 *Thomson v. Christie Manson & Woods Ltd.* [2005] EWCA Civ. 555 [74].

1. OLG München, Az. 14 U 764/12 – „Teuerster Teppich der Welt“

Das Oberlandesgericht München hatte über die Fallkonstellation eines sog. „*Sleepers*“, also eines nicht als solches erkannten, aber tatsächlich sehr hochwertigen *objet d'art* zu entscheiden.[29] Von einem regionalen Auktionshaus mit universeller Ausrichtung, welches u.a. Gemälde, Zeichnungen, Graphiken, Möbel, Teppiche, Porzellan, Skulpturen usw. versteigert, wurden Gegenstände aus einem Nachlass versteigert, darunter auch ein persischer Teppich. Dieser wurde im Katalog mit „Persische Galerie, antik, blaugründig, floral durchgemustertes Mittelfeld, Laufstellen, Sammlerstück“ beschrieben.[30] Der Teppich wurde bei einem Aufrufpreis von EUR 900,00 zu einem Betrag von EUR 19.700,00 zugeschlagen und einige Zeit später auf einer Versteigerung in England durch das Auktionshaus Christie's für ein Vielfaches des auf der ersten Auktion erzielten Erlöses, nämlich 7,2 Mill. Euro weiterveräußert, nachdem entdeckt worden war, dass es sich um einen der ersten Vasenteppiche aus dem *Kirman* handelte. Die Klägerin hatte daraufhin erfolglos Ansprüche gegenüber dem Varia-Auktionator geltend gemacht, das Gericht hat die Berufung der Klägerin gegen das erstinstanzliche Urteil zurückgewiesen.

Das Gericht führt in der Urteilsbegründung aus, dass keine kausale Pflichtverletzung bei der Besichtigung, Bewertung und Katalogbeschreibung des Teppichs vorliege, da die erforderliche Sorgfalt eines ordentlichen Kaufmanns (§ 347 Abs. 1 HGB) beachtet worden sei.[31] Das OLG München konstatiert insoweit: „Maßstab für den Inhalt und Umfang der zu beachtenden Nebenpflichten und die Frage des Verschuldens ist im vorliegenden Fall jedoch nicht die Sorgfalt eines Teppichhändlers oder Teppichexperten, sondern die von einem sog. Varia-Auktionator zu erwartende Sorgfalt.“[32] Angesichts der konkreten Tatsachenlage sei der Teppich ausreichend untersucht worden, unter Hinzuziehung von Fachbüchern.[33] Es wurde außerdem ein als erfahren bekannter Teppichhändler nach seiner Einschätzung befragt.[34]

---

29 OLG München, Urt. v. 20. März 2014, Az. 14 U 764/12, NJW 2015, 81.
30 OLG München, NJW 2015, 81.
31 OLG München, NJW 2015, 81 (82). Der beklagte Versteigerer war als Handelsmakler i.S.v. §§ 93 ff. HGB tätig geworden, siehe OLG München, aaO.
32 OLG München, NJW 2015, 81 (82).
33 OLG München, NJW 2015, 81 (82).
34 OLG München, NJW 2015, 81 (82).

Es war von dem beklagten Versteigerer aber nicht zu verlangen, dass er aufgrund der Muster des Teppichs, seinem Zustand oder der Knüpftechnik diesen als kostbares Exemplar aus dem 17. Jhd. erkennt.[35] Da es keine konkreten Anhaltspunkte für den Versteigerer gab, dass es sich um ein besonders wertvolles Stück handelt, waren auch keine weiteren Nachforschungen zu veranlassen.[36] Das OLG München führt ferner aus, dass ein Auktionator nicht verpflichtet sei, unter allen Umständen die genaue Herkunft und das präzise Alter eines Versteigerungsgutes zu ermitteln.[37] Die Beschreibung im Auktionskatalog sei zwar vage, aber nicht falsch.[38] Dass der Teppich in dem Buch über persische Kunst „*A Survey of Persian Art*" abgebildet ist, hat der Versteigerer nicht wissen müssen, da es sich um ein nur antiquarisch erhältliches Buch handelt, dass kein „Standardwerk" eines Varia-Auktionators ist.[39] Nach den Angaben des gerichtlichen Sachverständigen zufolge ist der Teppich in keinem ihm bekannten Fachbuch abgebildet.[40] Der Begründung des OLG München ist im Umkehrschluss zumindest zu entnehmen, dass ein Varia-Auktionator über gewisse Standardwerke in seiner Handliteratur verfügen muss.[41]

Das OLG München hat sich in der Begründung seiner Entscheidung auch zur Frage des durch den Versteigerer anzuwendenden Sorgfaltsmaßstabes geäußert. Danach ist der bei einem Varia-Versteigerer anzulegende Sorgfaltsmaßstab weniger streng als der an einen Teppichexperten oder eines auf Teppiche spezialisierten Versteigerers. Es findet sich insoweit eine Koinzidenz mit der oben angesprochenen englischen Rechtsprechung. Allerdings hat das OLG München in der Begründung seiner Entscheidung aber auch unter Hinweis auf die Umstände des jeweiligen Einzelfalls ausgeführt, dass es „keiner grundsätzlichen Bestimmung der Sorgfaltspflichten eines Varia-Auktionators im Vorfeld einer Versteigerung" bedürfe.[42]

---

35 OLG München, NJW 2015, 81 (82 f.).
36 OLG München, NJW 2015, 81 (82).
37 OLG München, NJW 2015, 81 (84); siehe auch die Begründung der Vorinstanz, LG Augsburg, Urt. v. 27. Januar 2012, Az. 22 O 3163/10, dort Ziffer 15.
38 OLG München, NJW 2015, 81 (84 f.).
39 OLG München, NJW 2015, 81 (83).
40 OLG München, NJW 2015, 81 (83).
41 OLG München, NJW 2015, 81 (83).
42 OLG München, NJW 2015, 81 (82).

2. LG Köln, Az. 2 O 457/08 – „Campendonk“

Der vom Landgericht Köln entschiedene Rechtsstreit ein vermeintlich aus der Hand von *Heinrich Campendonk* (1889-1957) stammendes Gemälde betreffend, betitelt mit „Rotes Bild mit Pferden“, hat große Beachtung erfahren, da er im Zusammenhang mit einem der größten Fälschungsskandale der letzten Jahrzehnte steht.[43] Zum Sachverhalt der Angelegenheit nur kursorisch, angesichts der umfangreichen medialen Berücksichtigung des *„Fall Beltracchi“*.

Das fragliche, mit *„Campendonk 1914“* signierte Gemälde wurde als angeblich aus einer *„Sammlung Werner Jägers“* stammend bei einem Kölner Auktionshaus eingeliefert. Dort wurde es im November 2006 für EUR 2,88 Mio. inklusive Aufgeld als lange verschollen geglaubtes Werk *Campendonks* zugeschlagen. Die Befunde einer späteren naturwissenschaftlichen Untersuchung durch das *Doerner Institut* ergaben allerdings, dass es sich bei dem Gemälde um eine Fälschung handelt.[44] Daraufhin machte die Käuferin u.a. Schadensersatzansprüche gegenüber dem Auktionshaus geltend. Das Landgericht Köln verurteilte das Auktionshaus im September 2012 zur Zahlung von Schadensersatz von knapp über EUR 2 Mio., nachdem das Auktionshaus bereits während des Rechtsstreits ca. EUR 800.000,00 an die Klägerin gezahlt hatte.[45]

Das Gericht führte in seiner Entscheidungsbegründung auch zum Aspekt der Verletzung von Sorgfaltspflichten durch das Auktionshaus aus.[46] Es stellt im Hinblick auf das zugrunde liegende Kommissionsgeschäft auf die Sorgfalt eines ordentlichen Kaufmanns ab.[47] Dabei differenziert das Gericht dahin gehend, dass sich ein ordentlicher Kaufmann prinzipiell an einem höheren Sorgfaltsmaßstab zu orientieren hat als Angehörige nichtkaufmännischer Verkehrskreise.[48] Zur Frage von Inhalt und Umfang der vom Auktionator zu ergreifenden Maßnahmen verwies das Gericht auf die jeweiligen Umstände des Einzelfalls, wie etwa Qualität des eingelieferten Werks, dessen unmittelbarer Eindruck, die Begleitumstände bei der Ein-

---

43 LG Köln, Urt. v. 28. September 2012, Az. 2 O 457/08, DS 2012, 398 ff.

44 LG Köln, DS 2012, 398 ff. In den Malschichten wurde „Titanweiß“ nachgewiesen, was allerdings erst seit 1937/8 industriell hergestellt wurde, siehe LG Köln, aaO.

45 LG Köln, DS 2012, 398 ff. (402 f.).

46 Kritisch zur Entscheidung des LG Köln etwa *Elmenhorst/Decker*, GRUR-RR 2012, 417 ff.

47 LG Köln, DS 2012, 398 ff. (401).

48 LG Köln, DS 2012, 398 ff. (401).

lieferung, die Plausibilität der Provenienz und ob das Einfügen dieser Umstände in den bekannten Kontext des behaupteten Werks Zweifel an der Authentizität des Gemäldes begründen oder beruhigen.[49] Nach dem Landgericht Köln vermittelten die Angaben des Auktionshauses im fraglichen Katalog den Gesamteindruck einer sicheren Zuschreibung in das Oeuvre von *Heinrich Campendonk* – vor dem Hintergrund einer solchen vorbehaltlosen und uneingeschränkten Zuschreibung ohne gesicherte Grundlage hätte im konkreten Fall ein naturwissenschaftliches Gutachten vor Veröffentlichung des Kataloges eingeholt werden müssen.[50] Das Gericht legt dar, dass sich der Umfang der Prüfungspflicht nach der Bedeutung des Werkes bestimme, wonach „*bei einem gewöhnlichen Gemälde aus der Vielzahl der in Auktionen zur Versteigerungen gelangenden Gegenstände*" weniger eingehende Prüfungen zumutbar sind als bei einem zu einem „*ungewöhnlich hoch festgesetzten Mindestgebot*".[51] Es führt weiter aus, dass nicht immer die Einholung eines naturwissenschaftlichen Gutachtens erforderlich sei.[52] Angesichts des sich hier abzeichnenden Rekordpreises für das Gemälde, der Fragestellungen im Zusammenhang mit der Provenienz und fehlender bekannter Abbildungen des Gemäldes hätte jedoch die Zuschreibung relativiert werden müssen, mithin durch klarstellende Zusätze, die auf die nur auf kunsthistorischer Untersuchung basierende Zuschreibung hinweisen.[53]

IV. Résumé

Innerhalb der englischen Rechtsordnung macht das weite Deliktsrecht eigene Wege gangbar. Bei Bestehen einer *duty of care* und Vorliegen der übrigen Haftungsvoraussetzung kann Ersatz für reine Vermögensschäden auch auf deliktsrechtlicher Grundlage gewährt werden.

Im Hinblick auf den anzulegenden Sorgfaltsmaßstab wird in der englischen Rechtsprechung zwischen „*leading auction houses*" und kleineren, provinziellen Auktionshäusern unterschieden. Die Differenzierung, ob es sich bei dem Experten um einen Generalisten oder einen Spezialisten handelt, wird auch vom OLG München in seinem Urteil zum „Teuersten Tep-

---

49 LG Köln, DS 2012, 398 ff. (401).
50 LG Köln, DS 2012, 398 ff. (400 ff.).
51 LG Köln, DS 2012, 398 ff. (401).
52 LG Köln, DS 2012, 398 ff. (402).
53 LG Köln, DS 2012, 398 ff. (402).

pich der Welt" vorgenommen.[54] Betreffend die inhaltliche Ausfüllung, sind die bisherigen Entscheidungen der Gerichte zurückhaltend, allgemeingültige Voraussetzungen zu formulieren. Ein konkretes Pflichtenprogramm haben auch die deutschen Gerichte in den beiden dargestellten Entscheidung nicht aufgestellt. Angesichts der Vielzahl verschiedener Kunstwerke und Kunstgegenstände werden die Umstände des jeweiligen Einzelfalles regelmäßig vorrangige Bedeutung haben.

54 OLG München, Urt. v. 20.03.2014, Az. 14 U 764/12, NJW 2015, 81.

Zum Konflikt von Persönlichkeitsrecht und Kunstfreiheit im Internet – Der Fall des „Techno-Vikings“

Louisa Specht[*]

I. Einleitung

Kunst kennt kein vorgegebenes Medium und grundsätzlich auch keine inhaltliche Beschränkung, solange Rechte Dritter nicht verletzt werden. Kunst entwickelt sich mit der Gesellschaft und ist daher auch für neue Kunstformen offen. Ein treffendes Beispiel hierfür sind Protestformen mit Kunstcharakter, die sich mit bzw. aufgrund eines politischen Systems, gegen das sie aufbegehren, entwickeln.[1] Beispielhaft genannt sei hier der Aktionskünstler Pjotr Pawlenski, der sich eingehüllt in Stacheldraht auf den roten Platz in Moskau legte und sich hierdurch selbst zum Kunstwerk machte, um zu demonstrieren, dass Russen in ihrem eigenen Land wie Vieh gehalten würden.[2] Kunst ist also nicht nur das klassische Gemälde, die Bildhauerei oder die Fotografie und Kunst ist nicht nur das Inszenierte, sondern es existieren auch und gerade Formen der Kunst, die treffend – und es darf erlaubt sein, sich an dieser Stelle an die von Prof. Ladeur im Rahmen eines Vortrags am Karlsruher Zentrum für Kunst- und Medientechnologie verwendete Begrifflichkeit anzulehnen – als „reality art“ beschrieben werden und die sich gerade dadurch auszeichnen, dass sie sich an die Realität anlehnen, ob als realitätsnahe Romane wie „Esra“ oder als

---

* Dr. Louisa Specht, Wissenschaftliche Mitarbeiterin, Postdoktorandin, Karlsruher Institut für Technologie, Zentrum für Angewandte Rechtswissenschaft (KCL).

1 Vgl. hierzu auch die Ausstellung im Zentrum für Kunst und Medientechnologie Karlsruhe „global aCtIVISm“. Dieser Beitrag wurde in leicht modifizierter Form bereits unter dem Titel „Videokunst als Big Data on Youtube“ veröffentlicht in: *Taeger* (Hrsg.), Tagungsband der Herbstakademie der Deutschen Stiftung für Recht und Informatik (DSRI) „Big Data & Co. – Neue Herausforderungen für das Informationsrecht“ 2014, 35, für die Einräumung des Zweitverwertungsrechts wird gedankt.

2 *Nieberding*, Spiegel Online vom 17. März 2014, abrufbar unter http://www.spiegel.de/spiegel/print/d-125966700.html, zuletzt abgerufen am 25. Juni 2014.

Verfilmung wahrer Begebenheiten.[3] Und auch im Bereich der Videokunst können realitätsnahe oder realitätsgetreue Aufnahmen zu dieser „reality art“ hinzugerechnet werden.

Gerade dieser letzteren Kunstform gibt das Internet, und hier insbesondere Dienste wie Youtube, eine Ausdrucksplattform. Sie ermöglichen es, jungen Videokünstlern, ihren Wirkbereich über die Ausstellungsfläche staatlicher Museen und dem breiten Publikum nicht zugänglichen Expertengremien hinaus zu erweitern und können daher für diese Videokünstler ein entscheidender Faktor für beruflichen Erfolg sein.

Und doch entscheidet das LG Berlin in einem Urteil vom 30. Mai 2013, dass ein hochgepriesenes Werk, das von Kunstgutachtern und auf internationalen Veranstaltungen weltweit Lob erfährt, keine Kunst sei, weil es auf Youtube veröffentlicht worden war und der Künstler mit ihm auch ein bescheidenes Pro-Klick-Einkommen[4] erzielte.[5] Überspitzt gesagt könnte man also schlussfolgern: Kunst, die über Youtube der Öffentlichkeit zugänglich gemacht wird, ist nach der Rechtsprechung des LG Berlin vom Schutzbereich des Art. 5 Abs. 3 GG exkludiert. Sicherlich ist dieser Satz um den Zusatz zu ergänzen „sobald mit der Filmaufnahme Einnahmen erzielt werden“, er verdeutlicht jedoch anschaulich, dass die Entscheidung des LG Berlin erhebliche Bedeutung für die Frage hat, ob der Kunstfreiheit ein Rückgriff auf digitale Medien wie Youtube gestattet sein soll. Es darf zumindest die Frage aufgeworfen sein, ob künftig auch Künstlern, die für ihre Ausstellung im Museum ein Entgelt erhalten, ein Berufen auf die Kunstfreiheit versagt sein soll.

Zeichnet sich „reality art“ jedoch gerade dadurch aus, dass sie Realität abbildet oder sich an sie anlehnt, so sind ihre Protagonisten in der Regel erkennbar. Hierdurch kollidiert die Kunstfreiheit regelmäßig mit dem Persönlichkeitsrecht des Abgebildeten. Diese Kollision zu lösen, ist eine der Hauptaufgaben des Kunsturheberrechts, auch im digitalen Zeitalter. Das

---

3 Vgl. *Ladeur*, Vortrag am Karlsruher Zentrum für Kunst- und Medientechnologie, „Protest als kollektive künstlerische Performance – Herausforderung der Grundrechtsdogmatik durch „Aktionskunst“, am 29. März 2014.

4 Eine Pro-Klick-Vergütung zahlt Youtube an sogenannte „Youtube-Partner“ aus, die sich dadurch auszeichnen, dass ihre Videosequenz besonders häufig aufgerufen wird. Die Vergütung ist eine Beteiligung an den Einnahmen Youtubes aus der Werbung, die in den Videosequenzen der Youtube-Partner eingeblendet wird. Sie variiert daher je nachdem, wie oft die jeweilige Aufnahme aufgerufen wird und wie viele Abonnenten ein User hat. Eine Rolle spielt auch, wie hoch die Qualität der Aufnahme ist.

5 LG Berlin, Urt. v. 30. Mai 2013, - 27 O 632/12, ZUM-RD 2014, 105 ff.

Urteil des LG Berlin geht hier den falschen Weg, es darf jedoch die These erlaubt sein, dass die Lösung des Konfliktes zwischen Persönlichkeitsrecht und Kunstfreiheit auch für über das Internet verbreitete Kunstformen über § 23 Abs. 1 Nr. 4 KUG – mit geringfügigen Anpassungen der Abwägungskriterien – problemlos gelingen kann.

II. LG Berlin, Urt. v. 30. Mai 2013 – 27 O 632/112

Der Betroffene – eine muskulöse Erscheinung mit langen blonden Haaren, die an einen Wikinger erinnert – nahm am 8. Juli 2000 an der sogenannten „Fuck-Parade" in Berlin teil. Er gestikulierte und tanzte mit freiem Oberkörper in extrovertierter Pose auf der Straße. Hierbei filmte ihn der beklagte Künstler. Die Filmsequenz zeichnet sich nach Darlegung des Künstlers dadurch künstlerisch aus, dass eine bestimmte Perspektive, nämlich die der Knee-Cam, verwendet wurde. Überdies wurde die Szene aus einem mehrstündigen Filmmaterial ausgewählt und zwar gerade deshalb, weil sie beim Zuschauer insoweit Verwirrung stiften soll, als dieser nicht mehr weiß, ob es sich bei der filmischen Szene um eine reale Aufnahme oder aber um eine gestellte Szene handelt.

Der beklagte Künstler zeigte die Aufnahmen in diversen Ausstellungen und Vorträgen. Seine Arbeit wurde in vielen Rezensionen gewürdigt und gelobt. Sie wurde seit 2006 auf diversen nationalen wie internationalen namhaften Medienkunstveranstaltungen sowie fortlaufend bei Youtube gezeigt. Von Youtube erhielt er hierfür eine sog. Pro-Klick-Vergütung[6] seit dem Jahr 2008 i.H.v. insgesamt 10.621,50,- €. Der Betroffene nahm den Künstler mit Erfolg auf Unterlassung und Gewinnabschöpfung in Anspruch, den ebenfalls geltend gemachten Anspruch auf Geldentschädigung lehnte das LG Berlin ab.[7]

III. Grundproblem, Gegenstand der Abhandlung

Das Grundproblem des Falles liegt weniger in seinem Ergebnis. Sicherlich kann man eine Kollision von Persönlichkeitsrecht und Kunstfreiheit im Ergebnis mit dem Zusprechen eines Unterlassungsanspruchs entscheiden.

---

6 Vgl. Fn. 5.

7 Vereinfachte Darstellung des Sachverhaltes; für Details vgl. LG Berlin, Urt. v. 30. Mai 2013, – 27 O 632/12, ZUM-RD 2014, 105, 107.

Die für die Geldentschädigung erforderliche schwere Persönlichkeitsbeeinträchtigung dürfte unstreitig nicht gegeben sein. Der Fall des LG Berlin, der in Anlehnung an die Figur des Betroffenen unter der Bezeichnung „Techno-Viking“ diskutiert wird, hat zahlreiche Facetten und weist ebenso viele rechtliche Probleme auf, von denen nur einige in dieser Abhandlung angesprochen werden können. Hinsichtlich des zugesprochenen Gewinnabschöpfungsanspruchs soll nur kurz ausgeführt sein, dass dieser im Rahmen des Bereicherungsanspruches alles andere als unumstritten ist.[8] Die Frage, ob es sich bei der Filmaufnahme des Beklagten um einen Dokumentarfilm handelt und ob derartige Dokumentarfilme vom Schutzbereich der Kunstfreiheit umfasst sind,[9] hätte sicherlich ebenfalls umfassender richterlicher Erörterung bedurft, auch dieses Problem sei hier jedoch nur angesprochen. Es sei erlaubt, den Schwerpunkt dieser Arbeit auf die Frage nach der Bedeutung wirtschaftlicher Verwertung für die Anwendbarkeit der Kunstfreiheit sowie auf die Abwägungskriterien zur Lösung des Konfliktes von Kunstfreiheit und Persönlichkeitsrecht zu legen. Denn die Entscheidung des Falles des LG Berlin hätte eben gerade über diese Abwägung der betroffenen Rechtsgüter i.S.d. §§ 23 Abs. 1 Nr. 4, 23 Abs. 2 KUG erfolgen müssen, nachdem der Schutzbereich der Kunstfreiheit hätte ohne Umschweife bejaht werden müssen. Sicherlich kann nicht jede auf Youtube eingestellte Videoaufnahme per se als Kunst erachtet werden und dies soll auch kein Plädoyer zugunsten eines ausufernden, konturlosen Kunstbegriffes sein. Es darf aber zumindest angemerkt sein, dass Filmaufnahmen, die auf Youtube eingestellt werden, Kunst sein *können*, wenn dies aufgrund einer Einzelfallprüfung festgestellt wird. Für die Abwägung der betroffenen Rechtsgüter sei vorweggenommen, dass Rechtsprechung und Literatur hierfür bereits heute tragfähige Leitlinien bereithalten.

---

8 Zum Streitstand vergleiche *Hermann*, der Werbewert der Prominenz, 305 m.w.Nachw.

9 Vgl. hierzu insb. OLG Stuttgart, Urt. v. 11. Juni 1975 – 4 U 142/74, kritisch: *Hoeren*, GRUR 1992, 145, 148; sie fallen aber jedenfalls unter die Filmfreiheit gem. Art. 5 Abs. 1 S. 2 GG. Wird ein Kunstwerk (Dichtung, Komposition) oder ein wissenschaftliches Werk über die von Art. 5 Abs. 1 GG geschützten Medien, z.B. den Film verbreitet, besteht zunächst Gesetzeskonkurrenz. Das Medium erfüllt dem Kunstwerk gegenüber jedoch eine sogenannte instrumentale Kommunikationsfunktion, mit der Folge, dass Art. 5 Abs. 3 GG Vorrang gegenüber Art. 5 Abs. 1 GG zukommt, vgl. *Maunz/Düring-Scholz*, Grundgesetz Kommentar, Art. 5 Abs. 3 Rn. 13, 31; abweichendes Votum des Richters Stein zu BVerfG Beschl. v. 24. Februar 1971 – 1 BvR 435/68, NJW 1971, 1645, 1649 ff.; a.A. Hoeren, GRUR 1992, 145, 148 ff.

Nachzudenken ist jedoch darüber, ob diese Leitlinien auch für Sachverhalte im Internet angemessen und praktikabel sind oder ob sie für diesen Bereich Ergänzungen und/oder Modifikationen bedürfen.[10]

IV. Die Grundsätze des Kunsturheberrechts

Geht es um die Verbreitung von Bildnissen, auf denen der Betroffene erkennbar ist, so normiert § 22 KUG, dass diese grundsätzlich nur mit seiner Einwilligung verbreitet werden dürfen, liegt nicht ein Ausnahmetatbestand des § 23 Abs. 1 KUG vor. § 23 Abs. 1 Nr. 4 KUG konstatiert für den Bereich der mit dem Persönlichkeitsrecht des Betroffenen kollidierenden Kunstfreiheit i.S.d. Art. 5 Abs. 3 GG, dass eine Verbreitung von nicht auf Bestellung angefertigten Bildnissen auch ohne die Einwilligung des Betroffenen zulässig ist, sofern gem. § 23 Abs. 2 KUG keine berechtigten Interessen des Betroffenen die Kunstfreiheit überwiegen.

Videokunst auf Youtube muss also, um von dieser Privilegierung erfasst zu sein, zunächst unter den Kunstbegriff des § 23 Abs. 1 Nr. 4 KUG fallen. Bei einer Abwägung zwischen dem Persönlichkeitsrecht des Betroffenen und der Kunstfreiheit muss die Kunstfreiheit überdies überwiegen.

V. § 23 Abs. 1 Nr. 4 KUG - der Kunstbegriff

Ob und wie Kunst definiert werden kann, ist eine seit jeher umstrittene Frage.[11] Für die hier vorstehende Arbeit aber ist es ausreichend, lediglich in kürzester Form die verschiedenen, von der Rechtsprechung heute zugrunde gelegten Kunstbegriffe darzustellen.

10 Ladeur spricht sich gegen die gegenwärtige Abwägungsdogmatik und für eine kunstspezifische Risikobetrachtung aus, führt jedoch z.T. ähnliche Entscheidungskriterien an, vgl. *Ladeur/Gostomzyk*, NJW 2005, 566, 568; ähnlich Ladeur, AfP 2004, 292 ff.

11 Vgl. hierzu etwa BVerfG Beschl. vom 24. Februar 1971 – 1 BvR 435/68, GRUR 1971, 461 – Mephisto; BVerfG Beschl. 13. Juni 2007 – 1 BvR 1783/05, GRUR 2007, 1085 – Esra; *Sachs-Bethge*, Grundgesetz Kommentar, Art. 5 Rn. 182 ff.; *Maunz/Dürig-Scholz*, Grundgesetz-Kommentar, Art. 5 Abs. 3 Rn. 16 ff.

1. Die anerkannten Kunstbegriffe

Die Rechtsprechung greift im Wesentlichen auf drei Kunstbegriffe zurück: den materiellen, den formellen sowie den offenen Kunstbegriff.[12] In Zweifelsfällen wird darauf verwiesen, dass der Kunstbegriff jedenfalls weit zu verstehen sei.[13]

Für den materiellen Kunstbegriff ausschlaggebend ist, dass er das Wesentliche der künstlerischen Betätigung als die freie schöpferische Gestaltung erachtet, in der Eindrücke, Erfahrungen und Erlebnisse des Künstlers durch das Medium einer bestimmten Formensprache zu unmittelbarer Anschauung gebracht werden. Aller künstlerischen Tätigkeit sei ein Ineinander von bewussten und unbewussten Vorgängen immanent, die rational nicht aufzulösen seien. Kunst sei insoweit ein Ausdruck der individuellen Persönlichkeit des Künstlers.[14]

Der formale Kunstbegriff hingegen möchte Kunst nur dann als solche definiert wissen, wenn bei typologischer Betrachtung die Gattungsformen eines bestimmten Werktyps verwirklicht sind.[15]

Der offene Kunstbegriff letztlich stellt darauf ab, dass einer künstlerischen Darstellung ein mannigfaltiger Aussagegehalt zukommt, d.h., dass es möglich sein muss, ihr im Wege einer fortgesetzten Interpretation immer weiter reichende Bedeutungen zu entnehmen, so dass sich eine praktisch unerschöpfliche, vielstufige Informationsvermittlung ergibt. Es soll insoweit wesentlich darauf ankommen, dass Kunst auf mannigfaltige Art und Weise und in unterschiedlichen Richtungen interpretiert werden können muss.[16]

Als wichtiges Indiz einer Qualifikation eines Werkes als vom Schutzbereich des Art. 5 Abs. 3 GG erfasst, wird auch die subjektive Sicht des Künstlers erachtet, d.h. seine persönliche Einschätzung, dass es sich bei

---

12 *Beck-OK GG-Schemmer*, Art. 5 Rn. 162 m.w.Nachw, vgl. auch Fn. 9 ff.

13 BVerfG Beschl. v. 13. Juni 2007 – 1 BvR 1783/05, GRUR 2007, 1085 Tz. 69 – Esra; *Beck-OK GG-Schemmer*, Art. 5 Rn. 163.

14 BVerfG Beschl. v. 13. Juni 2007 – 1 BvR 1783/05, GRUR 2007, 1085 – Esra; BVerfG Beschl. vom 24. Februar 1971 – 1 BvR 435/68, GRUR 1971, 461, 463 – Mephisto; BVerfG Beschl. v. 3. Juni 1987 – 1 BvR 313/85, NJW 1987, 2661; *Beck-OK GG-Schemmer*, Art. 5 Rn. 158.

15 BVerfG Beschl. v. 17. Juli 1984 – 1 BvR 816/82, NJW 1985, 261 f. – Anachronistischer Zug.

16 BVerfG Beschl. v. 17. Juli 1984 – 1 BvR 816/82, NJW 1985, 261 f. – Anachronistischer Zug; *Beck-OK GG-Schemmer*, Art. 5 Rn. 160; *Maunz/Dürig-Scholz*, Grundgesetz Kommentar, Art. 5 Abs. 3 Rn. 22.

seinem Werk um Kunst handelt sowie das Kriterium der Drittanerkennung. Letzteres stellt darauf ab, dass es zumindest mitausschlaggebend für die Qualifikation eines Werkes als Kunst sein kann, wenn ein auf dem Gebiet der Kunst kompetenter Dritter das Werk als Kunst erachtet.[17] Jedenfalls kann und darf Kunst nicht anhand ihres Niveaus definiert werden, ist sie doch einer staatlichen Stil-, Niveau- und Inhaltskontrolle entzogen.[18] Über die mittelbare Drittwirkung der Grundrechte gilt die Kunstfreiheit auch zwischen Privaten[19] und erhält insbesondere über den Tatbestand des § 23 Abs. 1 Nr. 4 KUG als Rechtfertigungsgrund für den Eingriff Privater in das Recht am eigenen Bild Einzug in das Privatrecht.

2. Werk- und Wirkbereich

Von der Kunstfreiheit geschützt sind sowohl der Werk- als auch der Wirkbereich des Künstlers.[20] Der Werkbereich umfasst dabei den Prozess des Schaffens, d.h. die Herstellung des Werkes von ersten Übungen bis hin zum Schutz des Werkergebnisses ungeachtet seines Gelingens.[21] Der Wirkbereich hingegen umfasst den gesamten Prozess der Werkvermittlung, d.h. die öffentliche Darbietung und Verbreitung des Kunstwerkes.[22] Zu diesem Wirkbereich gehört auch Youtube als Verbreitungsmedium.

3. Kunst trotz wirtschaftlicher Verwertung

Erkennt das Gericht im konkret zu entscheidenden Fall des „Techno-Vikings“ zwar noch zutreffend die grundsätzliche Beschaffenheit der

---

17 *Sachs-Bethge*, Grundgesetz Kommentar, Art. 5 Rn. 184; *Beck-OK GG-Schemmer*, Art. 5 Rn. 164.

18 BVerfG Beschl. v. 27. November 1990 – 1 BvR 402/87, NJW 1991, 1471 – Josephine Mutzenbacher; *Beck-OK GG-Schemmer*, Art. 5 Rn. 166.

19 Statt vieler: BVerfG Beschl. v. 13. Juni 2007 – 1 BvR 1783/05, GRUR 2007, 1085 Tz. 62 – Esra.

20 Statt vieler: BVerfG Beschl. v. 13. Juni 2007 – 1 BvR 1783/05, GRUR 2007, 1085 Tz. 69 – Esra; BGH Urt. v. 26. Mai 2009 - VI ZR 191/08, NJW 2009, 3576 ff. – Kannibale von Rotenburg.

21 *Dreier-Wittreck*, Grundgesetz Kommentar, Art. 5 Rn. 45 ff.; *Sachs-Bethge*, Grundgesetz Kommentar, Art. 5 Rn. 188; *Beck-OK GG-Schemmer*, Art. 5 Rn. 168.

22 *Sachs-Bethge*, Grundgesetz Kommentar, Art. 5 Rn. 188; *Beck-OK GG-Schemmer*, Art. 5 Rn. 168.

Filmaufnahme als Kunst an, so verwehrt es dem beklagten Künstler jedoch anschließend rechtsfehlerhaft ein Berufen auf die Kunstfreiheit ab dem Jahr 2008, dem Jahr, in dem die Filmaufnahmen auf dem Internetportal Youtube ein bescheidenes monatliches Pro-Klick-Einkommen[23] erzielten.

> „Seit Herbst 2008 kann sich der Beklagte ohnehin nicht mehr uneingeschränkt auf die Kunstfreiheit berufen. Gegen die Zulässigkeit der Bildveröffentlichung spricht der Umstand, dass er mittlerweile von Youtube Einnahmen erzielt."[24]

Kann aber die Erzielung von Einnahmen über Youtube ein Berufen auf die Kunstfreiheit ausschließen? Tatsächlich gehen Rechtsprechung und Literatur davon aus, dass der Ausnahmetatbestand des § 23 Abs. 1 Nr. 4 KUG dann nicht eingreife, wenn der Künstler mit der Verbreitung oder Zurschaustellung des betroffenen Bildnisses nicht überwiegend künstlerische, sondern andere Zwecke verfolgt. Dem ist zuzugeben, dass die reine wirtschaftliche Verwertung sicherlich nicht von Art. 5 Abs. 3 GG, dessen Schutz § 23 Abs. 1 Nr. 4 KUG dient, sondern von anderen Grundrechten, wie etwa der Berufs- oder der Eigentumsfreiheit aus Art. 12, 14 GG geschützt ist.[25] Es muss aber jedenfalls eine solche Tätigkeit vom Anwendungsbereich des § 23 Abs. 1 Nr. 4 KUG erfasst sein, die nicht überwiegend wirtschaftlichen Interessen dient. Die bloße Verfolgung *auch*-wirtschaftlicher Interessen kann und darf dem Künstler nicht zum Nachteil geraten. Es kann ihm nicht verwehrt sein, mit seiner Kunst zumindest auch seinen Lebensunterhalt verdienen zu wollen. Der Wirkbereich würde über Gebühr eingeschränkt, wenn von vornherein alle Handlungen exkludiert würden, die auch nur geringste Einnahmen mit sich brächten. Dies erkennt auch das OLG München, wenn es zutreffend ausführt:

> „Dass dabei [bei der Werkvermittlung][26] gleichzeitig, wenn auch nicht überwiegend, wirtschaftliche Zwecke verfolgt werden, schadet nicht. Es würde die zu schützenden Interessen der Kunst und der Künstler allzu sehr beschränken, wenn schon jede gleichzeitige Verfolgung wirtschaftlicher Interessen sich schädlich

23 Vgl. Fn. 3.

24 LG Berlin, Urt. v. 30. Mai 2013, – 27 O 632/12, ZUM-RD 2014, 105, 107.

25 BVerfG Beschl. v. 7. Juli 1971 – 1 BvR 765/66, GRUR 1972, 481, 483 – Kirchen- und Schulgebrauch; offenlassend BVerfG Beschl. v. 25. Oktober 1978 – 1 BvR 352/71, GRUR 1980, 44 f. – Kirchenmusik; *Beck-OK GG-Schemmer*, Art. 5 Rn. 171.

26 Einfügung durch die Verfasserin.

auswirkte. Schließlich werden die meisten Künstler ihre Werke verkaufen wollen oder müssen und sind auch auf Lizenzeinnahmen angewiesen."[27]

Die Plattform Youtube ist für den beklagten Künstler im konkreten Fall des LG Berlin – so wie im Übrigen für viele junge Videokünstler – die einzige Möglichkeit, sein Werk abseits von dem breiten Publikum verschlossenen Kunstveranstaltungen der Öffentlichkeit zugänglich zu machen. Der Wirkbereich des Künstlers würde damit faktisch auf ein Minimum reduziert, wenn eine solche Zugänglichmachung nicht unter die Kunstfreiheit zu fassen wäre, nur weil neben der Kunstvermittlung auch die Erzielung von Einnahmen möglich ist. Für den Verkauf von Kunstwerken sowie die Ausstellung ist sogar anerkannt, dass diese Handlungen zu den typisch grundrechtsgeschützten Handlungen des Art. 5 Abs. 3 GG zählen, obwohl sie zumindest auch auf die Erzielung von Einnahmen gerichtet sind.[28]

Insofern kann dem im Fall des LG Berlin beklagten Künstler und auch generell solchen Künstlern, die ihre Werke auf Youtube verbreiten, vor dem Hintergrund einer wirtschaftlichen Einnahmeerzielung durch die Zurschaustellung des Werkes auf Youtube ein Berufen auf die Kunstfreiheit und damit auch auf § 23 Abs. 1 Nr. 4 KUG nicht versagt werden.

VI. Abwägungskriterien i.S.d. § 23 Abs. 2 KUG

Muss das Werk des beklagten Künstlers jedoch als Kunst erachtet werden, so stellt sich in letzter Konsequenz die Frage, wie der Konflikt mit dem Persönlichkeitsrecht des in der Filmaufnahme Abgebildeten zu lösen ist. Hier ist grundsätzlich eine umfassende Abwägung der widerstreitenden

---

27 OLG München, Urt. v. 19. September 1996 – 6 U 6247/95, ZUM 1997, 388, 391, ähnlich: BGH Urt. v. 31. Mai 2012 – I ZR 234/10, GRUR 2013 – Playboy am Sonntag, 196; BGH Urt. v. 24. November 2009 – VI ZR 219/08, GRUR 2010, 171 – Roman Esra; offenlassend BVerfG Beschl. v. 7. Juli 1971 – 1 BvR 765/66, GRUR 1972, 481, 483; *Maunz/Dürig-Scholz*, Grundgesetz Kommentar, Art. 5 Abs. 3, Rn. 18; dies entspricht auch der Rechtsprechung zu den übrigen Ausnahmetatbeständen des § 23 KUG, insbesondere § 23 Abs. 1 Nr. 1 KUG, vgl. BGH Urt. v. 26. Oktober 2006 – I ZR 182/04, GRUR 2007, 139 Tz. 15 – Rücktritt des Finanzministers; *Götting/ Schertz/Seitz-Müller*, Handbuch des Persönlichkeitsrecht, § 50 Rn. 43.

28 BVerwG Urt. v. 9. November 1989 – 7 C 81/88, NJW 1990, 2011 – Straßenkunst und Gemeingebrauch; *Beck-OK GG-Schemmer*, Art. 5 Rn. 171.

Grundrechte i.S.d. § 23 Abs. 2 KUG vorzunehmen.[29] Es sind die Auswirkungen der Verbreitung/Zurschaustellung der Filmaufnahme für das Persönlichkeitsrecht des Betroffenen ebenso in Betracht zu ziehen wie die durch ein Verbreitungs-/Zurschaustellungsverbot betroffenen Belange der Kunst.[30]

Dabei ist keinem der Rechtsgüter von vornherein der Vorrang gegenüber dem jeweils anderen Rechtsgut zu gewähren.[31] Die Rechtsprechung betont jedoch, dass im Widerstreit zwischen Persönlichkeitsrecht und Kunstfreiheit in besonderem Maße darauf zu achten sei, dass dem Künstler der verfassungsrechtlich garantierte Freiraum verbleibe.[32] Gerade im Bereich der Abwägung zwischen Kunstfreiheit und Persönlichkeitsrecht ist bislang jedoch leider nur eine vergleichsweise geringe Anzahl an Fällen gerichtlich entschieden, was ein Sich-Orientieren an ähnlich gelagerten Fällen erschwert. In der einschlägigen Kommentarliteratur wird sogar darauf hingewiesen, dass § 23 Abs. 1 Nr. 4 KUG, der Eingriffe in das Persönlichkeitsrecht rechtfertigen kann, sofern die Verbreitung oder Zurschaustellung des Bildnisses einem höheren Interesse der Kunst dient, praktisch nahezu keinen Anwendungsbereich habe.[33] Gerade der Konflikt zwischen Kunstfreiheit und Persönlichkeitsrecht wird jedoch zukünftig in Anbetracht der zunehmenden Verbreitung von „reality art" über Youtube oder andere Plattformen weiter zunehmen. Es erscheint daher angezeigt, zumindest die Leitlinien einer solchen Abwägung, die de lege lata durchaus existieren, herauszuarbeiten. Denn die Abwägung zwischen Persönlichkeitsrecht und Kunstfreiheit hat elementare Bedeutung für die Frage, welchen Stellenwert wir der Kunstfreiheit in einer digitalisierten Welt einräumen möchten. Denken wir diese Abwägung in ihren Extremen beidseitig zu Ende, so würde ein grundsätzliches Überwiegen des Persönlichkeitsrechtes zu einer Verkümmerung von „reality art" führen. Der Kunst wäre der Weg in die Öffentlichkeit versperrt, sobald sie Personen erkenn-

---

29 *Dreier/Schulze-Dreier/Specht*, § 23 KUG Rn. 46 ff.; für den Fall eines Konfliktes zwischen Persönlichkeitsrecht und Pressefreiheit findet eine Abwägung bereits auf Ebene des § 23 Abs. 1 Nr. KUG steht.

30 Statt vieler in diesem Sinne BGH Urt. v. 24. November 2009 – VI ZR 219/08, GRUR 2010, 171 Tz. 8 – Roman Esra.

31 Missverständlich insoweit: BVerfG Beschl. v. 13. Juni 2007 – 1 BvR 178/05, GRUR 2007, 1085 Tz. 80 – Esra.

32 BGH Urt. v. 24. November 2009 – VI ZR 219/08, GRUR 2010, 171 Tz. 13 – Roman Esra.

33 *Dreier/Schulze-Dreier/Specht* § 23 KUG Rn. 43; *Götting/Schertz/Sitz-Schertz*, Handbuch des Persönlichkeitsrechts, § 12 Rn. 71.

bar abbildet. Ein generelles Überwiegen der Kunstfreiheit dagegen würde gerade im Internet zu ganz erheblichen, in der Regel nur schwerlich wieder aus dem digitalen Bewusstsein zu entfernenden Persönlichkeitsverletzungen führen, die erhebliche Nachteile für das Privat- und Berufsleben des Betroffenen nach sich ziehen können. Der Konflikt zwischen Persönlichkeitsrecht und Kunstfreiheit muss daher auch im Internet je nach Einzelfall kritisch beurteilt werden. Zumindest das Argument des LG Berlin, sobald der Betroffene in seiner Darstellung nicht verfremdet sei, überwiege das Persönlichkeitsrecht,[34] darf dabei nicht Schule machen.[35] Denn auch wenn dem Persönlichkeitsrecht selbstverständlich ein hoher Wert beigemessen werden muss, gerade aufgrund seines Bezuges zur Menschenwürde, kann und darf nicht jede Abbildung des persönlichen Eigenbildes zulasten der Kunst im Internet verboten sein. Gerade in Fällen der „reality art", die an Vorgänge der Wirklichkeit anknüpft oder diese abbildet, würde die Kunstfreiheit erheblich beeinträchtigt, wenn die Realität stets so verfremdet werden müsste, dass real existierende Personen nicht mehr erkannt werden.[36]

1. Abwägungskriterien de lege lata

Die angesprochenen Leitlinien zur Abwägung sind auch keine Neuerung, sondern sind insbesondere für den Bereich des § 23 Abs. 1 Nr. 1 KUG längst hinreichend von Rechtsprechung und Literatur erörtert. Auch im Rahmen des Geldentschädigungsanspruchs wird stets eine Abwägung zwischen den kollidierenden Rechten und Rechtsgütern vorgenommen, mit dem Unterschied, dass der Beeinträchtigungsgrad des Persönlichkeitsrechtes im Rahmen der Geldentschädigung deutlich erheblicher ausfallen muss als im Rahmen des Unterlassungsanspruchs, wo lediglich ein – und sei es noch so geringes – Überwiegen des Persönlichkeitsrechts erforderlich ist. Die Abwägungskriterien im Rahmen des Geldentschädigungsan-

34 LG Berlin, Urt. v. 30. Mai 2013 - 27 O 632/12, ZUM-RD 2014, 105, 107.

35 Dass die Erkennbarkeit allein nicht ausreichen kann, um ein Überwiegen des Persönlichkeitsrechts festzustellen, ist gerade für den Bereich von Kunst, der an Vorgänge der Wirklichkeit anknüpft, auch bereits durch den BGH zutreffend festgestellt worden, vgl. BGH Urt. v. 24. November 2009 – VI ZR 219/08, GRUR 2010, 171 – Roman Esra.

36 So für die erzählende Kunst BGH Urt. v. 24. November 2009 – VI ZR 219/08, GRUR 2010, 171 – Roman Esra.

spruchs sowie auch im Bereich der übrigen Ausnahmetatbestände des § 23 Abs. 1 Nr. 1-3 KUG können und müssen – mit einigen wenigen Einschränkungen[37] – auch für § 23 Abs. 1 Nr. 4 KUG zum Tragen kommen und sollen, ohne Anspruch auf Vollständigkeit im Einzelfall, nachfolgend erläutert werden, um anschließend eine Erweiterung dieser Leitlinien generell sowie für Internetsachverhalte im Besonderen zu diskutieren.

a) Verletzte Persönlichkeitssphäre

Heranzuziehen ist im Rahmen der zwischen den widerstreitenden Interessen vorzunehmenden Abwägung zunächst zur Bestimmung der Verletzungsintensität des Persönlichkeitsrechts de lege lata die Sphärentheorie. Hiernach wiegt ein Eingriff umso schwerer, je weiter in den Bereich der persönlichen Eigensphäre eingegriffen wird. Eingriffe in die Intimsphäre sind insoweit in der Regel nicht zu rechtfertigen, Eingriffe in die Privatsphäre nur durch gewichtige Gegeninteressen, Eingriffe in die Sozialsphäre wohl am ehesten.[38] Dabei ist anzumerken, dass seit der Caroline-Rechtsprechung des EGMR nicht alle Lebensvorgänge, die in der Öffentlichkeit stattfinden, auch zwingend der Sozialsphäre zuzuordnen sind, sondern ebenso in den Bereich der Privatsphäre[39] fallen können, wenn es sich um private Lebensvorgänge handelt,[40] der Betroffene also beispielsweise die berechtigte Erwartung hatte, in der betroffenen Situation unge-

37 Der BGH geht von einer Übertragbarkeit der Abwägungskriterien aus, solange in besonderem Maße darauf geachtet wird, dass an den Künstler keine Anforderungen gestellt werden, die die Bereitschaft zur Ausübung der Kunstfreiheit herabsetzen, vgl. BGH Urt. v. 24. November 2009 – VI ZR 219/08, GRUR 2010, 171 – Roman Esra; die Erläuterungen zu den entsprechenden Einschränkungen finden sich in den nachfolgenden Ausführungen beim jeweiligen Abwägungskriterium.

38 *Dreier/Schulze-Dreier/Specht*, § 23 Rn. 23 a ff., § 24 Rn. 48; *Götting/Schertz/Seitz-Schertz*, Handbuch des Persönlichkeitsrechts, § 12 Rn. 80; *Wandtke/Bullinger-Fricke*, § 23 KUG Rn. 35 ff.; *Wenzel*, Das Recht der Wort- und Bildberichterstattung, Kap. 9, Rn. 25.

39 Im Einzelfall m.E. sogar der Intimsphäre.

40 BGH Urt. v. 17. Februar 2009 – VI ZR 75/08, GRUR 2009, 665 Tz 13 – Sabine Christiansen mit Begleiter; *Dreier/Schulze-Dreier/Specht*, § 23 KUG Rn. 24; *Götting/ Schertz/Seitz-Schertz*, Handbuch des Persönlichkeitsrechts, § 12 Rn. 79 ff.

stört zu sein.[41] Im konkret vorliegenden Fall des LG Berlin hätte das Gericht insoweit zugrunde legen müssen, dass der Betroffene auf einer öffentlichen Veranstaltung abgebildet wird, auf der er jederzeit mit Filmaufnahmen rechnen musste. Auch erweckt die streitige Situation nicht den Eindruck, als wolle er allein gelassen werden oder als habe er auch nur diese Erwartung. Vielmehr zieht er in einer extrovertiert tanzenden Art gerade die Aufmerksamkeit der sich um ihn befindlichen Personen auf sich. Er ist insgesamt daher lediglich in seiner Sozialsphäre und unter diesem Gesichtspunkt folglich nur marginal in seinem Persönlichkeitsrecht betroffen.

b) Verbreitungsgrad und Erkennbarkeit

Auf Seiten des Persönlichkeitsrechts selbstverständlich ebenfalls zu berücksichtigen ist der Verbreitungsgrad der Abbildung. Grundsätzlich gilt: Je höher der Verbreitungsgrad, desto erheblicher die Rechtsverletzung.[42] Der Verbreitung in Massenmedien wird dabei von der Rechtsprechung in der Regel ein erheblicher Verbreitungsgrad beigemessen.[43] Hierzu wird noch auszuführen sein. Ein mit dem Verbreitungsgrad verwandtes Kriterium ist der Grad der Erkennbarkeit,[44] wobei hier nicht nur zugrunde zu legen ist, wie deutlich die Aufnahme gefertigt ist, sondern auch wie sehr das Aussehen des Abgebildeten von seinem alltäglichen Aussehen abweicht. So sollten Aufnahmen, bei denen der Betroffene verkleidet oder anderweitig weniger erkennbar ist, weniger schwer wiegen, als Aufnahmen aus dem Alltagsleben. Wie sich dies in dem vom LG Berlin konkret zu beurteilenden Fall auswirkt, bleibt weithin im Unklaren, da der Beklagte der

---

41 BVerfG, Beschluss v. 26. Februar 2008 – 1 BvR 1602/07 u.a., NJW 2008, 1793 f., – Caroline von Hannover; *Müller-Riemenschneider*, Pressefreiheit und Persönlichkeitsschutz, 201 ff.

42 *Schricker/Löwenheim-Götting*, §60/33-50 KUG Rn. 34; *Dreier/Schulze-Dreier/Specht*, § 33 KUG Rn. 23.

43 BVerfG, Urt. v. 5. Mai 1973 – 1 BvR 536/72, GRUR 1973, 541, 545 – Lebach; BGH Urt. v. 8. Mai 2012 – VI ZR 217/08, GRUR 2012, 850, 854; BGH Urt. v. 5. März 1963 - VI ZR 55/62, GRUR 1963, 490, 492 – Fernsehansagerin; OLG Hamburg Urt. v. 23. April 2004, 324 O 698/03, BeckRS 2011, 17195; OLG Hamburg Urt. v. 29. Juli 2008 – 7 U 19/08, ZUM 2009, 232 f.

44 *Dreier/Schulze-Dreier/Specht*, § 33 KUG Rn. 23, BVerfG Beschl. v. 13. Juni 2007, GRUR 2007, 1085 – Esra; dagegen: Sondervotum der Richterin Hohmann-Dennhardt und des Richters Gaier in vorbenannter Entscheidung (Esra), GRUR 2007, 1085 Tz. 110 ff.

mündlichen Verhandlung fern geblieben war und es sich daher nicht beurteilen lässt, ob sein Aussehen in der streitigen Filmszene von seinem gewöhnlichen Aussehen abweicht.

c) Hartnäckigkeit, Nachhaltigkeit und Fortdauer der Verletzung

Auch die Hartnäckigkeit einer Verletzung im Wiederholungsfall verstärkt die Persönlichkeitsrechtsverletzung,[45] ebenso wie Nachhaltigkeit und Fortdauer der Ruf- und Interessenschädigung des Betroffenen.[46] Zu diesen Kriterien ist im ganz konkreten Fall anzumerken, dass keine Wiederholungsveröffentlichung nach bereits erfolgter Abmahnung vorliegt, man allenfalls über eine gewisse Fortdauer der Verletzung nachdenken könnte, da der Betroffene die Filmaufnahme nach eigener Darstellung erst nach drei Jahren ihrer Existenz im Netz bemerkte und abmahnen ließ. Ob dieser Zeitraum bereits eine besondere Nachhaltigkeit und Fortdauer begründet, erscheint jedoch zumindest fraglich.

d) Verschulden, Anlass und Beweggrund des Handelnden

Im Rahmen der Ermittlung der für den Geldentschädigungsanspruch erforderlichen besonderen Schwere der Persönlichkeitsbeeinträchtigung ist auch der Grad des Verschuldens des Handelnden zu berücksichtigen.[47] Im Gegensatz zum Geldentschädigungsanspruch handelt es sich beim Unterlassungsanspruch jedoch um einen verschuldensunabhängigen Anspruch, weshalb das Verschulden des Handelnden auch im Rahmen der Abwägung nicht berücksichtigt werden kann, um das Verschuldenselement nicht „durch die Hintertür" in den Unterlassungsanspruch einfließen zu lassen.

Ebenfalls im Rahmen des Geldentschädigungsanspruchs zu berücksichtigen und im Gegensatz zum vorbenannten Verschuldenselement auf die

45 BGH Urt. v. 5. Oktober 2004 - VI ZR 255/03, GRUR 2005, 179, - Tochter von Caroline von Hannover; BGH Urt. v. 12. Dezember 1995 - VI ZR 223/94, NJW 1996, 985 ff. – Kumulationsgedanke; *Götting/Schertz/Seitz-Schertz*, Handbuch des Persönlichkeitsrechts, § 51 Rn 23.

46 *Dreier/Schulze-Dreier/Specht*, § 33 KUG Rn. 23.

47 BGH Urt. v. 24. November 2009 – VI ZR 219/08, GRUR 2010, 171 Tz. 8 – Roman Esra; *Schricker/Loewenheim-Götting*, §60/33 – 50 KUG Rn. 35.

Abwägung im Unterlassungsanspruch durchaus zu übertragen, sind jedoch Anlass und Beweggrund des Handelnden.[48] Ein altruistisches Handeln etwa lässt die Persönlichkeitsrechtsverletzung weniger schwer erscheinen.[49] Dies kann dem beklagten Künstler im konkret vorliegenden Fall zwar nicht zugutegehalten werden, jedenfalls aber verfolgte er mit dem Einstellen der Videoaufnahme bei Youtube keine Herabsetzung oder gar Verunglimpfung des Betroffenen, ganz im Gegenteil darf zumindest gemutmaßt sein, dass der Beklagte keinerlei den Kläger betreffende Interessen verfolgte, sondern einzig eine Grundrechtsausübung bezweckte. Zum Nachteil kann ihm dies im Rahmen einer Interessenabwägung sicherlich nicht gereichen.

e) Art der Darstellung des Betroffenen

Von entscheidender Bedeutung ist auch die Art der Darstellung des Betroffenen.[50] Ist dieser negativ oder diskreditierend dargestellt oder ergibt sich dies aus der Bildunterschrift,[51] so wirkt sich dies eingriffsintensivierend aus.[52] Im konkret zu entscheidenden Fall hätte das LG Berlin in diesem Punkt insbesondere berücksichtigen müssen, dass der betroffene „Techno-Viking" absolut neutral dargestellt ist, von der Internetgemeinschaft keinesfalls negativ sondern gar heroisch und überaus positiv be-

---

48 BGH Urt. v. 19. September 1961 – VI ZR 259/60, GRUR 1962, 1005, 107 – Wunderwurzel; BGH Urt. v. 15. November 1994 – VI ZR 56/94, GRUR 1995, 224, 228 – Erfundenes Exklusiv-Interview; BGH Urt. v. 5. Dezember 12.1995 – VI ZR 332/94, GRUR 1996, 373 f. – Caroline von Monaco; *Dreier/Schulze-Dreier/Specht*, §§ 33 – 50 KUG Rn. 23; *Götting/Schertz/Seitz-Schertz*, § 51 Rn. 21.

49 *Dreier/Schulze-Dreier/Specht*, §§ 33 – 50 KUG Rn. 23; *Heuchemer*, AfP 2010, 222, 224.

50 BVerfG Beschl. v. 13. Mai 1980 – 1 BvR 103/77, NJW 1980, 2069 – Anforderungen an die Zulässigkeit öffentlicher Kritik; BVerfG Beschl. v. 10. Juli 2002 – 1 BvR 354/98, NJW 2002, 3767 – Grenzen der Meinungsfreiheit bei Glosse oder Satire; *Götting/Schertz/*Seitz-*Schertz*, § 51 Rn. 23; *Schricker/Loewenheim-Götting*, § 60/ 23 KUG Rn. 100.

51 Ganz generell gilt, dass Videoaufnahme und Untertext im Kontext zu würdigen sind, vgl. *Dreier/Schulze-Dreier/Specht*, § 23 KUG Rn. 21 m.w.Nachw.

52 BGH Urt. v. 14. Oktober 2008 – VI ZR 271/06, ZUM-RD 2009, 7, 9 – Bebilderung eines Presseartikels über die Erkrankung eines Prominenten; *Müller-Riemenschneider*, Pressefreiheit und Persönlichkeitsschutz, 235; *Götting/ Schertz/*Seitz-*Schertz*, § 12 Rn. 85.

trachtet wird. Die Art seiner Darstellung wirkt sich insoweit deutlich eingriffsmindernd aus.

Die Art der Darstellung fragt auch nach einem besonderen Hervortreten der Darstellung des Betroffenen oder einer besonderen Kennzeichnung des Betroffenen, etwa durch Bildüberschriften, Fettdruck etc.[53] Im Bereich der Videokunst wäre dies etwa durch das Anbringen von Pfeilen, durch das Hinzufügen von Konturen des Betroffenen oder aber durch eine besondere Darstellung des Begleittextes möglich. Auch verfälschende Darstellungen mittels Fotomontage erschweren regelmäßig die Persönlichkeitsrechtsverletzung.[54]

f) Weitere Umstände

Im Falle bekannter Persönlichkeiten soll letztlich das mediale Vorverhalten des Betroffenen verletzungsmindernd herangezogen werden können.[55] Verletzungsintensivierend muss dagegen die Art der Anfertigung der Aufnahme mittels List, Tücke oder Heimlichkeit in die Abwägung einbezogen werden.[56] Eine Schutzbereichsverstärkung soll das Persönlichkeitsrecht über Art. 6 GG erfahren, wenn gleichzeitig mit dem Betroffenen die eigenen Kinder abgebildet sind.[57] Ist durch die Abbildung des Betroffenen eine Personengefährdung respektive eine Gefährdung seines Eigentums zumindest nicht ganz fernliegend, kann auch dies zugunsten des Persönlichkeitsrechts in die Abwägung einbezogen werden.[58] Z.T. wird auch die aus-

53 BGH Urt. v. 1. Juli 2008 – VI ZR 67/08, NJW 2008, 3141 f. – Vermietung der Ferienvilla.

54 *Wandtke/Bullinger-Fricke*, § 23 KUG Rn. 42; *Götting/Schertz/Seitz-Schertz*, Handbuch des Persönlichkeitsrechts, § 12 Rn. 84.

55 BGH Urt. v. 19. Oktober 2004 - VI ZR 292/03 – GRUR 2005, 76, 78 – Rivalin von Uschi Glas; *Schricker/Loewenheim-Götting*, § 60/§ 23 KUG Rn. 79; *Götting/Schertz/Seitz-Schertz*, Handbuch des Persönlichkeitsrechts, § 12 Rn. 82 ff.; *Wandtke/Bullinger-Fricke*, § 23 KUG Rn. 39.

56 Statt vieler: BVerfG Beschl. v. 26. Februar 2008 - 1 BvR 1602/07 NJW 2008, 1793, 1797 – Caroline von Monaco; *Müller-Riemenschneider*, Pressefreiheit und Persönlichkeitsschutz, 201 m.w.Nachw.

57 BVerfG, Beschluss v. 26. Februar 2008 - 1 BvR 1602/07 u.a., NJW 2008, 1793 f. – Caroline von Hannover; BVerfG Beschl. v. 13. Juni 2007 – 1 BvR 1783/05, GRUR 2007, 1085 – Esra; *Müller-Riemenschneider*, Pressefreiheit und Persönlichkeitsschutz, 203.

58 BVerfG Beschl. v. 31. März 2000 – 1 BvR 2223/96, ZUM-RD 2000, 323 ff. – Veröffentlichung eines Fotos bei bestehenden Sicherheitsbedenken; *Drei-*

schließliche Verfolgung kommerzieller Interessen verletzungserschwerend mit in die Abwägung einbezogen.[59] M.E. handelt es sich jedoch bei diesem Moment nicht um ein Abwägungskriterium, sondern die ausschließliche Verfolgung kommerzieller Interessen schließt bereits ein Berufen auf die Ausnahmetatbestände der § 23 Abs. 1 Nr. 1-4 KUG aus. Zu einer Abwägung auf Ebene des § 23 Abs. 2 KUG kommt es in diesem Fall schon gar nicht mehr.[60]

2. Besondere Leitlinien zur Beurteilung von „reality art"

Gerade im Bereich der Beurteilung von „reality art", die jegliche Kunst zusammenfasst, die die Wirklichkeit, ob nachgestellt oder unmittelbar, wiedergibt, haben BVerfG und BGH in ihren Urteilen „Esra"[61] und „Kannibale von Rotenburg"[62] Leitlinien zur Fiktionalisierung wirklichkeitsgetreuer Romane sowie zur Ausstrahlung wirklichkeitsgetreuer Spielfilme, entwickelt, die vom Grundsatz her durchaus auf den Bereich der Videokunst übertragbar sind.

Die Kernaussage des „Esra"-Urteils des BVerfG kann beschrieben werden als ein Je-Desto-Verhältnis von Fiktionalisierung und Grad der Persönlichkeitsrechtsverletzung.[63] Für den Bereich der Privat- und Intimsphäre gilt: Je weiter das Persönlich-Intime einer real existierenden Person zugunsten einer künstlich geschaffenen Figur fiktionalisiert wird, desto weniger schwer wiegt die Beeinträchtigung des Persönlichkeitsrechts, desto eher wird also die Kunstfreiheit überwiegen. Ist die Sozialsphäre betroffen, wird möglicherweise sogar nur das Auftreten und/oder das Aussehen der Betroffenen beschrieben, ohne auf charakterliche Züge anzusprechen, so gilt nach der Entscheidung „Kannibale von Rotenburg": Je stärker das betroffene Persönlichkeitsbild beansprucht, sich mit der sozialen Wirklichkeit zu identifizieren, desto schutzwürdiger ist das Interesse des Dargestellten an wirklichkeitsgetreuer Darstellung seiner Person. D.h. im

---

er/Schulze-Dreier/Specht, § 23 KUG Rn. 27; *Wandtke/Bullinger-Fricke*, § 23 KUG Rn. 43.

59 *Wandtke/Bullinger-Fricke*, § 23 KUG Rn. 44.

60 Vgl. hierzu bereits ausführlich Ziffer 5d; ähnlich: *Götting/Schertz/Seitz-Schertz*, Handbuch des Persönlichkeitsrechts, § 12 Rn. 78.

61 BVerfG Beschl. 13. Juni 2007 - 1 BvR 1783/05, GRUR 2007, 1085 ff. – Esra.

62 BGH Urt. v. 26. Mai 2009 - VI ZR 191/08, NJW 209, 3576 – Kannibale von Rotenburg.

63 Kritisch hierzu: *Ladeur/Gostomzyk*, NJW 2005, 566 f.

Grundsatz zunächst einmal, dass eine Aufnahme, die lediglich die Wirklichkeit widerspiegelt, nach dieser Entscheidung des BGH zulässig sein kann, sofern ein berechtigtes Informationsinteresse der Öffentlichkeit an dem Inhalt der Filmaufnahmen besteht.[64] Der BGH überträgt mit dieser Aussage die Abwägungskriterien aus § 23 Abs. 1 Nr. 1 KUG für den Fall wirklichkeitsgetreuer Aufnahmen auf die Abwägung zwischen Kunstfreiheit und Persönlichkeitsrecht im § 23 Abs. 1 Nr. 4 KUG und erlaubt es insoweit, das Informationsinteresse der Öffentlichkeit als Abwägungskriterium auch im Rahmen des § 23 Abs. 1 Nr. 4 KUG zu berücksichtigen. Angemerkt sein darf an dieser Stelle, dass ein solches Informationsinteresse durchaus auch bei unterhaltenden Aufnahmen gegeben sein kann.[65] Die Kuriosität einer wirklichkeitsgetreuen Aufnahme steigert dabei das Informationsinteresse der Öffentlichkeit,[66] was auch im Fall des „Techno-Vikings" hätte Berücksichtigung finden müssen.

3. Angepasste Leitlinien für die Abwägung von Kunstfreiheit und Persönlichkeitsrecht

Die genannten, im Rahmen des § 23 Abs. 2 KUG von Rechtsprechung und Literatur entwickelten Abwägungskriterien sind ebenso für Sachverhalte aus dem analogen, wie aus dem digitalen Bereich heranzuziehen. Es sei jedoch vorgeschlagen, diese Abwägungskriterien ganz generell um zwei Elemente zu ergänzen sowie bei Internetsachverhalten ebenfalls zwei Besonderheiten zu berücksichtigen:

---

64 BGH 26. Mai 2009 – VI ZR 191/08, NJW 2009, 3576, 3578 – Kannibale von Rotenburg.

65 BGH Urt. v. 18. Oktober 2011 – VI ZR 5/10, ZUM 2012, 140 – Veröffentlichung kontextbezogener Fotos in einem Presseartikel; BGH Urt. v. 14. Oktober 2008 – VI ZR 272/06, GRUR 2009, 86 Tz 14 – Gesundheitszustand von Prinz Ernst August; BGH Urt. v. 6. März 2007 – VI ZR 51/06, GRUR 2007, 527 Tz 17, 26 – Winterurlaub; BGH Urt. v. 3. Juli 2007 – VI ZR 164/06, GRUR 2007, 902 Tz 7 – Abgestuftes Schutzkonzept II; BGH Urt. v. 19. Juni 2007 – VI ZR 12/06, GRUR 2007, 899 Tz 19 – Grönemeyer; *Dreier/Schulze-Dreier/Specht*, § 23 KUG Rn. 11; Zum Informationsinteresse insgesamt vgl. eingehend *Müller-Riemenschneider*, Pressefreiheit und Persönlichkeitsschutz, 197, 225 ff.

66 BVerfGE, Beschl. v. 9. März 2010 - 1 BvR 1891/05, NJW-RR 2010, 1195, 1197 Rn. 30 – Persönlichkeitsrechtsschutz bei Berichterstattung über Strafverfahren; *Müller-Riemenschneider*, Pressefreiheit und Persönlichkeitsschutz, 234 ff.

a) Ergänzung der Abwägungsleitlinien generell: Abwesenheit von Heimlichkeit

Verletzungsmindernd kann und muss es sich m.E. ganz generell wie auch im konkret zu entscheidenden Internetsachverhalt des LG Berlin auswirken, wenn der Betroffene freiwillig ins Bild läuft und sich ganz bewusst in Richtung der Kamera bewegt. Es liegt dann keine heimliche Aufnahme vor. Zwar gehen die Argumentationen in Rechtsprechung und Literatur zurecht dahin, in einem solchen bewussten Dulden der Kameraaufnahmen jedenfalls noch keine Einwilligung in eine spätere Verbreitung der Aufnahmen zu sehen, es sei aber vorgeschlagen, Heimlichkeit nicht einzig als ein zulasten des Künstlers wirkendes Moment zu berücksichtigen, sondern ebenso die Abwesenheit von Heimlichkeit zumindest dann zu seinen Gunsten heranzuziehen, wenn die Aufnahme dem Betroffenen wie im vorliegenden Fall aus Sicht eines objektiven Dritten bewusst war und er sie zumindest durch seine Körpersprache vom objektiven Empfängerhorizont her billigte. In der Literatur wird vorgeschlagen, die (konkludente) Einwilligung in die Bildaufnahme zumindest verletzungsmindernd in die Abwägung für oder wider eine Zulässigkeit der Verbreitung/der Zurschaustellung der Aufnahme zu berücksichtigen.[67] Dem sei an dieser Stelle beigepflichtet.

Die Rechtsprechung geht sogar z.T. davon aus, dass, wer sich auf eine Veranstaltung begebe, auf der damit gerechnet werden müsse, dass Fotografen anwesend sind, die über die Veranstaltung berichten, auch in einen bebilderten Bericht über sich und die Veranstaltung einwillige.[68] Vor diesem Hintergrund wäre sogar eine Einwilligung des „Techno-Vikings" in eine Zurschaustellung der Videosequenz denkbar, jedenfalls aber sollte das vom objektiven Empfängerhorizont als konkludente Einwilligung erscheinende Verhalten des „Techno-Vikings" deutlich verletzungsmindernde Berücksichtigung finden.

---

67 *Müller-Riemenschneider*, Pressefreiheit und Perönlichkeitsschutz, 232.

68 BVerfGE, Beschl. v. 14. September 2010 – 1 BvR 1842/08, 1 BvR 6/09, 1 BvR 2538/08, ZUM-RD 2010, 657 f. und 663 – (Bild-)Berichterstattung über Prominente; BGH Urt. v. 26. Oktober 2010 – VI ZR 190/08, GRUR 2011, 259 – Rosenball in Monaco.

b) Ergänzung der Abwägungsleitlinien generell: Berücksichtigung der abgebildeten Personenzahl

Gemäß § 23 Abs. 1 Nr. 3 KUG dürfen Bilder von Versammlungen, Aufzügen und ähnlichen Vorgängen ohne die Einwilligung der Abgebildeten verbreitet oder zur Schau gestellt werden. Ein Bild einer Versammlung ist jedoch nur dann gegeben, wenn der Einzelne nicht aus der Menge hervortritt und damit die Versammlung im Ganzen abgebildet wird. Bei weniger als zwölf abgebildeten Personen wird davon ausgegangen, dass dieses Kriterium nicht erfüllt ist.[69] Es lässt sich jedoch argumentieren, dass die Persönlichkeitsrechtsverletzung abnimmt, je mehr Personen abgebildet sind, auch wenn die Personenzahl unter der für die Anwendbarkeit des § 23 Abs. 1 Nr. 3 KUG erforderlichen Schwelle von zwölf liegt. Denn die Wahrnehmung des Zuschauers wird umso mehr auf die einzelne Person, auf das ihr anhaftende Individuelle fixiert sein, je weniger Personen abgebildet sind. Ist aber eine – wenn auch aus weniger als zwölf Personen bestehende – Menschenmenge abgebildet, so verblasst die Wahrnehmung des Individuums zugunsten der abgebildeten Menge mit der Folge einer Abschwächung der Persönlichkeitsrechtsverletzung. Es sei daher vorgeschlagen, die Anzahl der abgebildeten Person außerhalb des Anwendungsbereichs des § 23 Abs. 1 Nr. 3 KUG als Abwägungskriterium zu berücksichtigen, auch wenn dies im konkreten Fall nicht von Bedeutung ist, da der Betroffene auch allein abgebildet ist.

c) Berücksichtigung der Sondersituation Internet: Besonderheit des Verbreitungsgrads

Bereits angesprochen wurde, dass Rechtsprechung und Literatur im Falle einer Verbreitung von Bildnissen in Massenmedien grundsätzlich von einem hohen Verbreitungsgrad ausgehen. Per se auf einen solchen hohen Verbreitungsgrad im Falle von Filmaufnahmen im Internet zu schließen, erscheint jedoch nicht angemessen. Denn die Verbreitung einer Filmaufnahme im Internet muss nicht stets auch einen hohen Verbreitungsgrad nach sich ziehen, kann vielmehr auch ohne Aufsehen in den Weiten des Netzes untergehen. Gerade bei Youtube ist sehr gut ermittelbar, wie viele Klicks die streitige Filmaufnahme in den Zuschauerkreisen erlangt. Bei

69 *Götting/Schertz/Seitz-Schertz*, Handbuch des Persönlichkeitsrecht, § 12 Rn. 66.

geringer Klickzahl kann insoweit trotz einer Verbreitung im Internet ein niedriger Verbreitungsgrad vorliegen,[70] so dass an dieser Stelle vorgeschlagen sein darf, den Verbreitungsgrad im Falle von Persönlichkeitsrechtsverletzungen im Internet anhand des Einzelfalles, v.a. anhand der konkreten Klickzahl zu beurteilen und nicht per se vom Charakter des Massenmediums auf einen hohen Verbreitungsgrad zu schließen, auch wenn im Fall des „Techno-Vikings" auch im Rahmen einer konkreten Einzelfallbetrachtung in Anbetracht einer hohen Klickzahl bei Youtube sowie einer Verbreitung auch in anderen Portalen[71] ein überaus hoher Verbreitungsgrad festgestellt werden muss.

d) Berücksichtigung der Sondersituation Internet: Netzrelevantes Vorverhalten

Als weitere Abwägungskomponente sei in den Raum gestellt, die Rechtsprechung zum medialen Vorverhalten zumeist prominenter Personen zumindest ihrem Gedanken nach generell auf Internetsachverhalte zu übertragen. Nach Ansicht des BVerfG lässt es den Schutz der Privatsphäre vor öffentlicher Kenntnisnahme entfallen, wenn der Betroffene durch entsprechendes Vorverhalten eine Berichterstattung über seine Privatsphäre zugelassen hat.[72] Dies gilt jedenfalls für den geöffneten Teil der Privatsphäre, wenn auch nicht für die Privatsphäre insgesamt.[73] Dieser Gedanke könnte auf Internetsachverhalte insofern übertragen werden, als dass netzrelevantes Vorverhalten des Betroffenen im Rahmen der Abwägung der konfligierenden Rechte und Interessen verletzungsmindernd Berücksichtigung findet. Denn die Beeinträchtigung des Betroffenen kann sich bei diesem nicht erheblich auswirken, wenn er gleichzeitig entsprechende Fotografien/Videoaufnahmen von sich selbst im Internet platziert oder die Auf-

---

70 So nun auch BGH Urt. v. 17. Dezember 2013 – VI ZR 211/12, AfP 2014, 135 Tz. 48; für den umgekehrten Fall einer hohen Klickzahl OLG Hamburg, Urt. v. 23. April 2004, 324 O 698/03, BeckRS 2011, 17195.

71 Bekannt ist, dass die Filmsequenz zumindest auch in einem lateinamerikanischen Portal Verbreitung fand.

72 BVerfG Urt. v. 15. Dezember 1999 – 1 BvR 653/96, GRUR 2000, 446, 450 – Caroline von Monaco.

73 BGH 25. Oktober 2011 – VI ZR 332/09, GRUR 2012, 422 – Wenn Frauen zu sehr lieben; BGH 1. Juli 2008 – VI ZR 243/06, GRUR 2008, 1024 – Shopping mit der Putzfrau auf Mallorca; KG ZUM-RD 2006, 555; *Dreier/Schulze-Dreier/Specht*, § 23 KUG Rn. 25.

nahmen Dritter an anderer Stelle duldet. Dies gilt umso mehr, sofern die eigens eingestellten bzw. anderweitig geduldeten Fotos und Aufnahmen den angegriffenen Fotos/Aufnahmen in ihrer Verletzungsintensität, insbesondere der Sphäre, der sie entstammen, jedenfalls annähernd entsprechen bzw. die angegriffenen Fotos/Aufnahmen weniger verletzungsintensiv sind oder einer im Schutz verminderten Sphäre entstammen. Im Fall des „Techno-Vikings“ hätte es hier sicherlich weiterer Beweisaufnahme bedurft.

VII. Fazit/Ausblick

Das Internet bringt zahlreiche juristische Probleme mit sich, dem das Recht dort, wo gesetzliche Anpassungen erforderlich werden, zumeist ein wenig hilflos „hinterherhinkt“. Die vorstehende Abhandlung aber soll gezeigt haben, dass dies für den Bereich des Kunsturheberrechts nicht gilt. Das KUG gibt uns, wenn auch aus dem Jahr 1907 stammend, durchaus tragfähige Instrumentarien zur Lösung von Konflikten des Persönlichkeitsrechts mit anderen Rechten und Rechtsgütern an die Hand, die zwar an einigen Stellen zu ergänzen sind, die jedoch im Grundsatz zu angemessenen Ergebnissen führen, sofern sie korrekt eingesetzt werden. Es mag aufgefallen sein, dass diese Abhandlung nicht mit Nachdruck für oder wider ein bestimmtes Abwägungsergebnis argumentiert hat und dies ganz bewusst: Diese Entscheidung sei den Richtern in einem möglichen Berufungsverfahren vorbehalten. Es sei aber festgehalten, dass dem LG Berlin m.E. eine handwerklich korrekte Entscheidung in Anbetracht der von ihm allenfalls rudimentär vorgenommenen Abwägung sowie seiner Erwägungen zur wirtschaftlichen Verwertung von Kunst nicht gelungen ist. Es bleibt zu hoffen, dass die von ihm vorgenommene Lesart des § 23 Abs. Nr. 4 KUG nicht Schule macht. Denn auch der Kunst muss ein Wirkbereich im digitalen Raum zugestanden werden, bei allen gegenläufigen Interessen, die hierbei zu beachten sind.

Zwischen Bühne und Anklagebank: Performance-Kunst an der Grenze von Kunstfreiheit und Strafrecht – der Fall „Jonathan Meese"

Pascal Decker[*]

Der nachfolgende Text soll – im Nachgang zu meinem Vortrag bei den Achten Heidelberger Kunstrechtstagen – anhand des öffentlich viel diskutierten Falls „Jonathan Meese" das spannungsgeladene Verhältnis zwischen Kunst und Recht beleuchten. Einleitend werde ich zunächst kurz auf die Person des Künstlers Jonathan Meese eingehen. Denn an seiner Person zeigt sich, so deutlich wie es selten der Fall ist, dass der Begriff der Kunst untrennbar mit der Person des Kunstschaffenden verwoben und nur anhand seiner Persönlichkeit auslegungsfähig ist.

I. Hintergrund

Jonathan Meese, 1970 in Tokyo geboren, ist ein im schleswig-holsteinischen Ahrensburg und in Berlin lebender Künstler und Kunst-Aktivist. Sein Schaffen bewegt sich vorwiegend in Grenzbereichen jeglicher Art. Der Künstler selbst gilt in der Öffentlichkeit wahlweise als Randalierer oder als Wunderkind. Sein Werk und seine Äußerungen lassen hierzu jegliche Form der Annäherung offen.

Die Kunst- und Kulturjournalistin Christine Lemke-Matwey etwa schrieb über ihn in „Die ZEIT": „Die Meinungen darüber, wer oder was Jonathan Meese sei, gehen weit auseinander. Handelt es sich um eine Kunstfigur, die mit den Ritualen und Reflexen des Kunstbetriebs Schabernack treibt? Um einen altbackenen Provokateur, der mit seiner (echten) Mutter durch die Lande zieht und dessen Hang zum Hitlergruß die Gerichte beschäftigt? Oder haben wir es mit einem visionären Gesamtkunstwerker zu tun, der seinen Finger da in die Wunde legt, wo es wehtut – beim

* Dr. Pascal Decker, dtb Rechtsanwälte, Berlin.

Kuschelfaktor unseres Kulturwollens nämlich, bei der Wohlgefälligkeit aller Kunstanstrengung?“[1]

Ungeachtet dieser Kontroverse, zählt Jonathan Meese heute international zu den bekanntesten zeitgenössischen deutschen Künstlern. Er propagiert erfolgreich den von ihm eingeläuteten „totalen Paradigma-Wechsel“; die Diktatur der Kunst. 2012 erschien im Suhrkamp-Verlag sein Buch: „Ausgewählte Schriften zur Diktatur der Kunst“. Sein Werk „Die Humpty-Dumpty-Maschine der totalen Zukunft“ erhielt 2011 einen Platz im historischen Kolonnadenhof der Alten Nationalgalerie in Berlin.

II. Sachverhalt

Im Anschluss an ein öffentliches Interview, dass Jonathan Meese am 4. Juni 2012 im Vorfeld der documenta in Kassel gegeben hatte, ging bei der Staatsanwaltschaft Kassel eine anonyme Strafanzeige ein.

Während des betreffenden Interviews hatte sich Jonathan Meese in einem schwarzen Trainingsanzug, mit schwarzer Sonnenbrille und wallendem offenem Haar präsentiert. Er imitierte immer wieder Stimmen, las bereits einleitend aus seinen selbst verfassten sogenannten Manifesten, mit teils brüllender Stimme vor und sagte: „Die Kunst braucht den limitierten Furzgrößenwahn des Menschen-Ichs nicht.“ Im weiteren Verlauf sprach er von einem Größenwahn der Kunst, welchen er ablehne, so wie von der Kunst als einem ideologiefreien Regierungssystem, welches er befürworte, und zeigte dann zweimal kurz hintereinander den Hitlergruß.[2]

Der Strafbefehlsantrag der Staatsanwaltschaft vom 27. August 2012 stellte auf eine Strafbarkeit wegen Verwendung von Kennzeichen verfassungswidriger Organisationen nach § 86 a StGB ab.

Von diesem Vorwurf wurde Jonathan Meese jedoch, völlig zu Recht, nach drei Verhandlungstagen freigesprochen.

III. Gründe

Der während des Interviews gezeigte Hitlergruß stellte fraglos ein Kennzeichen dar, das grundsätzlich vom objektiven Tatbestand des § 86 a Abs.

---

1 *Lemke-Matwey,* Die ZEIT, Nr. 40/2014 vom 25. September 2014.
2 Vgl. Spiegel-Artikel vom 4. Juni 2012, Bl. 23 ff. d.A.

1 Nr. 1 StGB erfasst ist. Indem der Künstler den Arm zweimal zum Hitlergruß erhoben hatte und anschließend ein ihn dabei zeigendes Bild auf seiner Homepage veröffentlichte, hat er das betreffende Kennzeichen auch verwendet.

§ 86 a StGB als abstraktes Gefährdungsdelikt erfordert weder die inhaltliche Zustimmung des Handelnden, noch den Eintritt einer konkreten Gefahr. Demnach unterfiel das Verhalten Meeses auf den ersten Blick unproblematisch dem objektiven Tatbestand des Verwendens von Kennzeichen verfassungswidriger Organisationen. Das Gericht stellte jedoch zutreffend fest, dass der mit der oben genannten Definition einhergehenden Weite des Tatbestandes dadurch begegnet werden muss, dass solche Handlungen dem Tatbestand nicht unterfallen, die dem Schutzzweck der Norm erkennbar nicht zuwider laufen. Der genaue Umriss des Schutzbereiches von § 86 a StGB spielte demnach eine entscheidende Rolle für das Verfahren.

§ 86 a StGB schützt als abstraktes Staatsschutzgefährdungsdelikt den demokratischen Rechtsstaat, unter anderem vor der Gefahr der Wiederbelebung beziehungsweise Wiedereinbürgerung verfassungswidriger Organisationen und Symbole. Es soll hierbei bereits jeder Anschein vermieden werden, dass verfassungswidrige Bestrebungen vorhanden seien oder irgendwie geduldet würden. Der politische Frieden im Inland und das Ansehen Deutschlands im Ausland sollen bewahrt werden.

Hält man sich dies vor Augen und betrachtet den § 86 a StGB im Zusammenhang mit der Systematik des betreffenden Abschnitts im Strafgesetzbuch, so wird deutlich, dass der Schutzbereich des § 86 a StGB im vorliegenden Fall nicht eröffnet sein konnte. Insbesondere war hier der Wortlaut der betreffenden Paragraphen entscheidend, denn dieser macht unmissverständlich deutlich, welche grundsätzliche Schlagkraft der Kunst als Rechtsgut mit Verfassungsrang im Konflikt mit dem Strafrecht nach dem gesetzgeberischen Willen zu Teil werden soll. Die ausdrückliche Erwähnung der Kunst in §§ 86 a Abs. 3, 86 Abs. 3 StGB kann nur den einen Zweck haben, dass Verhaltensweisen die als Kunst definiert werden können, sogleich im Wege der teleologischen Reduktion aus dem Tatbestand auszuschließen sind.

Auf Grundlage dessen war für die Strafbarkeit des Angeklagten im vorliegenden Fall entscheidend, ob es sich bei dem Verhalten Jonathan Meeses in Kassel tatsächlich um Kunst gehandelt hat oder nicht. Der Fall bot somit die seltene Gelegenheit einer pointierten Auseinandersetzung mit dem juristischen Kunstbegriff in der Praxis.

Mit Blick auf den rechtsstaatlich gebotenen Vorrang der Verfassung und die damit einhergehende Einheit der Rechtsordnung ist jeder Definitionsversuch durch den verfassungsrechtlichen Kunstbegriff begrenzt.[3] Eigenständige Kunstbegriffe für jeden Teilbereich der Rechtsordnung sind daher nicht praktikabel. Maßstab sollten vielmehr die vom Bundesverfassungsgericht teilweise nebeneinander verwendeten Kunstbegriffe sein: Zunächst der materielle Kunstbegriff,[4] der Kunst als „die freie schöpferische Gestaltung, in der Eindrücke, Erfahrungen, Erlebnisse des Künstlers durch das Medium einer bestimmten Formsprache zur unmittelbaren Anschauung gebracht werden", umreißt. Kunst ist demnach Ausdruck der individuellen Persönlichkeit des Künstlers. Weiterhin der restriktive formale Kunstbegriff, der die Möglichkeit der Zuordnung zu einer spezifischen Kunstgattung in den Vordergrund stellt und für sich alleingenommen nur selten zu befriedigenden Ergebnisse zu führen vermag. Zuletzt steht, im klaren Gegensatz hierzu, der offene Kunstbegriff.[5] Hierbei muss das Werk lediglich einer fortgesetzten Interpretation zugänglich sein.

Der von Jonathan Meese gewählten Darstellungsform des Interviews als Performance ist der Rang einer künstlerischen Darstellung zuzusprechen. Das Interview als solches diente dem Künstler im konkreten Fall als performative Plattform. Dies ist in der Kunstwelt bekanntermaßen recht und billig. Neben Meese haben schon Andy Warhol, Joseph Beuys, Martin Kippenberger und John Bock das Interview zur eigenständigen performativen Kunstform erhoben. Eine Grenzziehung zwischen einem Gemälde oder einer Installation einerseits und einem Interview andererseits ist als unangemessen abzulehnen.[6] Schon Cicero schätzte das Gespräch als die sokratische Methode der besseren Wahrheitsfindung,[7] und jene Wertschätzung muss richtigerweise auch der zeitgenössischen Gattung des Interviews entgegen gebracht werden.[8]

Inhaltlich darf der Rang einer künstlerischen Darstellung bei der gerichtlichen Wertung keine Rolle spielen. Die Einschätzung eines Gerichts, ob ein Kunstwerk hochwertig oder minderwertig sei, liefe im Ergebnis auf

3 Vgl. *Decker/Ullrich,* KUR 2014, 87 (88).

4 BVerfGE 30, 173 (188 ff.) – *Mephisto.*

5 BVerfGE 67, 213 (265) – *Anachronistischer Zug.*

6 Vgl. auch das Gutachten des Instituts für Kunstwissenschaft in Karlsruhe, *Prof. Dr. Wolfgang Ullrich.*

7 Vgl. *Cicero*, Einleitung zu Tusculanae disputationes- Gespräche in Tusculum, 45 v. Chr.

8 Vgl. hierzu auch: *Diers/Blunck/Obrist*, Das Interview. Formen und Foren des Künstlergesprächs, Einleitung.

ein staatliches Kunstrichtertum hinaus. Eben dieses hat das BVerfG in seinen Entscheidungen zum *Anachronistischen Zug* bereits ausdrücklich für verfassungswidrig erklärt.[9] Vielmehr muss sich der künstlerische Gehalt einer Handlung, unter Berücksichtigung aller äußeren, sie beeinflussenden Umstände, am Maßstab eines objektiven Beobachters messen lassen.

In Frage stand demnach, wie ein Besucher des Interviews, der bereit war, das Interview von Beginn bis Ende anzuschauen, das Verhalten Jonathan Meeses aufgefasst hätte. Wie bereits eingangs beschrieben, fand das Interview im zeitlichen Umfeld der documenta in Kassel statt. Meese saß dort erkennbar als Kunstfigur zwischen den beiden Spiegel-Journalistinnen und brachte die anwesenden Gäste und die Journalistinnen dazu, sich entweder zu ärgern oder schlichtweg zu lachen. Begleitet wurde dies durch die Lesung aus Meeses selbst verfassten Manifesten zur Diktatur der Kunst. Der gezeigte Hitlergruß muss in Anbetracht dieses Gesamtkontextes interpretiert werden. Die Inhalte der Antworten während des Interviews sind als erläuternde Begleitkommentierung zum Hitlergruß von Jonathan Meese zu verstehen.

Bei dem Verhalten Meeses während des Interviews handelte es sich folglich um Kunst im verfassungsrechtlichen Sinne von Art. 5 Abs. 3 GG. Zu diesem Ergebnis kam am dritten Verhandlungstag auch die Richterin, die das in Frage stehende Verhalten des Künstlers nach teleologischer Reduktion des Tatbestandes richtigerweise nicht als von § 86 a StGB umfasst sah und ihn vom Vorwurf der Verwendung von Kennzeichen verfassungswidriger Organisationen freisprach.

IV. Fazit

Das Strafverfahren „Jonathan Meese“ hat mir als Praktiker die seltene Möglichkeit geboten, mich intensiv mit den Grenzbereichen von Kunst und Recht zu beschäftigen. Zugleich eröffnete es allen Beteiligten die Chance, darüber nachzudenken, was Kunst gegenwärtig bedeutet, wie wir Kunst definieren und wo jeder Einzelne seine persönliche Grenze zu ziehen vermag. Dank der medialen Begleitung des Verfahrens konnte diese Diskussion sogar in breiter Öffentlichkeit geführt werden. Diese Debatte kann als bereichernd und befruchtend bezeichnet werden. Denn genau das ist es, was zeitgenössische Kunst zu leisten vermag und was Jonathan

---

9 BVerfGE 67, 213 (265) – *Anachronistischer Zug.*

Meese, nach meinem Verständnis, mit seiner Idee von der „Diktatur der Kunst“ anstoßen möchte – die Reflexion über den Stellenwert der Kunst in unserer Gesellschaft.

Wenn es in diesem Strafverfahren zu einer Verurteilung gekommen wäre, wären dem Diskurs in Zukunft die Zügel angelegt worden. Dies widerspräche erkennbar dem unserer Verfassung immanenten Verständnis eines demokratischen Rechtsstaates.

FSC
www.fsc.org
MIX
Papier | Fördert
gute Waldnutzung
FSC® C083411

Kolibri 360 GmbH
Ferdinand-Jühlke-Straße 7
99095 Erfurt, Deutschland
produktsicherheit@kolibri360.de